Eva Nitschinger

Meine Reise zu mir selbst! Mit The Work von Byron Katie

Die werden, die ich schon immer war

Familienbande

Impressum / Imprint
Bibliografische Information der Deutschen Nationalbibliothek: Die Deutsche Nationalbibliothek verzeichnet diese Publikation in der Deutschen Nationalbibliografie; detaillierte bibliografische Daten sind im Internet über http://dnb.d-nb.de abrufbar.

Bibliographic information published by the Deutsche Nationalbibliothek: The Deutsche Nationalbibliothek lists this publication in the Deutsche Nationalbibliografie; detailed bibliographic data are available in the Internet at http://dnb.d-nb.de.

Coverbild / Cover image: www.ingimage.com

Verlag / Publisher:
Familienbande
ist ein Imprint der / is a trademark of
OmniScriptum GmbH & Co. KG
Heinrich-Böcking-Str. 6-8, 66121 Saarbrücken, Deutschland / Germany
Email: info@verlag-familienbande.de

Herstellung: siehe letzte Seite /
Printed at: see last page
ISBN: 978-3-639-62017-7

Inhaltsverzeichnis

Mai 2006 – Starnberg, Bayern

Ich wollte mich schon immer mal im Mai verlieben, einen Cocktail trinken, mein Herz im ganzen Körper spüren und dabei Barry White hören: „My first, my last, my everything“. So war das heute, in einer kleinen Bar am Starnberger See, mit - ich nenne ihn - Pierre. Meinem Traummann.

Nach so vielen mehr oder weniger erfolgreichen „Beziehungsversuchen“ schien es heute für mich, als wäre ich angekommen. All die Arbeit an mir, die vielen Seminare und Therapien, die ich besucht hatte, um beziehungsfähig zu werden, schienen Wirkung zu zeigen. Ich war bereit für einen Mann, der endlich „der Richtige“ sein durfte. Jetzt war ich so weit, das fühlte ich ganz tief in mir. Keine halben Sachen mehr, keine faulen Kompromisse, nein, endlich war ich im Leben angekommen, konnte realistische Pläne schmieden, an Heirat und Kinder denken oder zumindest mal davon träumen.

Pierre bezahlte meine zwei Cocktails und mein misstrauisches „Ich“ überlegte, warum er nur einen für sich selbst bestellt hatte. Nicht, dass ich wieder mal an einen Alkoholiker geraten war? Nein, so sah Pierre wirklich gar nicht aus. Und er hatte sehr lang an diesem einen Cocktail genippt, das deutete ganz und gar nicht auf ein Suchtverhalten hin.

Also, Eva, warum suchst du schon wieder das Haar in der Suppe? War es wieder einmal mein innerer Anteil, der Angst vor Nähe hatte und unbedingt etwas dazwischen stellen musste? Okay, ich würde gleich in den nächsten Tagen wieder zu meiner Münchner Therapeutin gehen und mit ihr darüber reden. Diese innere Stimme, die mich jetzt warnt, völlig grundlos, muss abgestellt werden. Ich darf das hier auf keinen Fall kaputtmachen mit irgendwelchen überholten Ängsten.

Nach dem Abend in der Cocktailbar fuhren wir zurück ins Hotel und ich legte die CD von Barry White ein, die ich im Auto hatte. Wieder überlief mich ein Kälteschauer. Es war einfach zuuuu schön!

Er will sicher nur Sex?

Nein, das wollte er nicht. Er meinte, dass ich keine bin, die man nur für eine Nacht „nimmt“. Er wollte mehr. Ich sei sein Lottosechser. Ich sei alles, was er sich immer gewünscht hat.

Also ist es die „wahre Liebe“? Liebe auf der ersten und zweiten Blick? Wie in einem perfekten Hollywoodfilm? Durfte das alles wahr sein?

Mr. Right wollte gleich am Samstag nach dieser Seminarwoche, bei dem er mein Teilnehmer war, zu mir nach München fahren. Vorher wollte er noch schnell im Saarland etwas erledigen und dann wieder nach Bayern zurückkommen. Wie romantisch und wie verantwortungsvoll er war! Wunderbar.

Selbstverständlich verstand ich, dass er dann doch zu müde war, um hin- und herzufahren, und selbstverständlich konnte stattdessen auch ICH zu ihm kommen.

Ich war es gewohnt Dinge selbst zu erledigen, schon mit knapp zwei Jahren war mein Lieblingswort „lein" (allein): Ich wollte mich allein anziehen, allein die Schuhe zubinden und allein zum Sandkasten gehen. Ich war stolz darauf, alles allein erledigen zu können und niemanden zu brauchen. Ich erkannte allerdings in den letzten Jahren mehr und mehr, dass mich dieses Verhalten sehr einsam machte. Pierre kam also genau im richtigen Moment, um mich aus meiner Einsamkeit in München zu retten.

Ich hatte eine entspannte Woche gehabt, ein lockeres Verkaufstraining mit vielen neuen Mitarbeitern der Versicherung. Er war mit Abstand der Talentierteste und mein Training diese Woche war ein Zuckerschlecken gewesen. Er war wie mein Co-Trainer, konnte alle Verkaufstricks und -tipps sofort umsetzen, die ich meinen Schützlingen angeboten habe. Es war eine einzige Freude, einen so großartigen Verkäufer in meiner Schulung zu haben, der anscheinend immer genau wusste, was Menschen hören möchten, der genau richtig dosierte und einfach jedem in diesem Training eine Versicherung verkaufte, ohne dass man das Gefühl hatte, dass er verkauft. Er war meine personifizierte Idee, wie ein Verkäufer heutzutage erfolgreich sein kann.

Gleich am Samstagmorgen setzte ich mich also ins Auto und fuhr ins Saarland. Ein bisschen was muss man schon bringen für eine Beziehung, oder? Ein Glaubenssatz, der mich noch teuer zu stehen kommen würde ...

Pierre freute sich sehr über meinen Besuch und hatte auch fast das ganze Wochenende Zeit für mich. Nur ein, zwei, drei Termine hatte er, die er unbedingt einhalten wollte. Klar, ein erfolgreicher Verkäufer musste auch am Wochenende arbeiten, das verstand ich.

Dass wir abends nicht ins Restaurant essen gingen, sondern auf seiner schwarzen Ledercouch vor einer knallrot angemalten Wand Pizza aßen, fand ich umso romantischer. Es war ein perfektes Wochenende und einige mehr davon sollten folgen.

Seltsam war, dass er immer wieder fragte, ob ich ihm schnell mal 50 Euro geben könnte, damit er sein Auto volltanken kann. Allerdings verstand ich, dass er nach einer Trennung von einer anscheinend total verrückten Frau und wenige Jahre nach der Scheidung wenig Geld hatte. Kann ja passieren. Ist ja nur ein momentaner Engpass, dumm gelaufen, wie er mir immer wieder versicherte. Also hab ich mal 30, mal 50 und auch mal 100 Euro „investiert“ in meine neue große Liebe, die sicherlich nicht an so was Irrelevantem wie Geld scheitern sollte.

Ein Telefonat mit seiner Exfrau hätte mich damals schon ein wenig wachrütteln können, denn sie hat mir erzählt, wie Pierre mit Geld umgeht und wie er sie und einige andere Menschen immer mehr in seine Geschäfte hineingezogen hat, bis einige von ihnen in der Insolvenz endeten.

Ich aber blieb dabei: Er war der Richtige und ich wollte und konnte nicht mehr zurück. „Ich lass mir nichts sagen“, war auch einer meiner Lieblingsglaubenssätze, nach denen ich mein Leben lebte.

Dieses Verhalten, etwas zu wollen und nicht mehr loslassen zu können, kenne ich gut von mir: Ich beiße mich an einer Idee fest, wie ein Terrier an einem Stöckchen, und kann einfach nicht mehr ablassen, auch wenn Mutter, Freundinnen und Verstand rufen: Lass es, Eva!

Oft habe ich bei mir auch erlebt, dass, wie bei meinem Hund das Stöckchen, der Mann sofort uninteressant wurde, sobald ich ihn „für mich hatte“. Ich fühlte mich total beziehungsunfähig und bindungsgestört und wollte es endlich mal richtig machen. Mit Pierre schien dies so einfach zu sein, denn wir verstanden uns super, er gefiel mir optisch sehr gut, seine Augen waren hypnotisch für mich und der Sex mit ihm war einfach wundervoll. Ich konnte meine Zärtlichkeitsdefizite der letzten Jahre auffüllen, wenn ich mit ihm zusammen war. Ich fühlte mich wie ein Magnet, der von einem anderen Magneten angezogen wird. Es musste einfach klappen mit uns!

Mein Beziehungsmuster nennt man „Nähe/Distanz“ und die Tricks, die ich aus Büchern und Seminaren gelernt hatte, setzte ich diesmal fast alle um. So dachte ich zumindest! Wie wenig ich davon verstanden habe und wie wenig ich von diesen Anregungen tatsächlich umgesetzt habe, war mir einfach nicht klar.

Ein Teil von mir, ich nenne ihn die „bedürftige Eva“, sehnt sich so sehr nach Liebe und Zuwendung, dass sie all die anderen Eva-Anteile erblinden lässt. Dieser Teil regiert in der Kennenlernphase und ist darauf ausgerichtet, alles dafür zu tun, dass dieser Mann bei Eva bleibt und übersieht tunlichst alle Warnsignale. Auch diesmal hatte es dieser Teil geschafft sich durchzusetzen und entgegen aller Hinweise des Verstandes, diesen Mann als den Richtigen für sie zu empfinden.

Seine Anziehung war magisch, seine Hände verführerisch. Sein Wesen und seine Art, mit mir umzugehen, machten mich willensschwach und gefügig. Ich hätte und habe alles für ihn getan. Fast drei Jahre lang.

Einige andere Eva-Anteile haben schon ab und an mal Zweifel angemeldet, doch sie wurden überhört oder mundtot gemacht.

Liebe heilt alles, Liebe ebnet alles, Liebe ist stärker als jeder Zweifel. Liebe muss auch Risiken eingehen. Liebe ist ein Wagnis. So könnten die Glaubenssätze lauten, die ich damals geglaubt habe. Was wäre geschehen, wenn ich damals schon gewusst hätte, was man mit solchen Glaubenssätzen machen kann? Wenn ich dies alles nicht geglaubt und *nein* zu ihm gesagt hätte?

Zum Glück habe ich einige Zeit später durch meine Arbeit an mir selbst erkannt, dass diese Variante - langfristig gesehen - sicher nicht die bessere, wenn wahrscheinlich die einfachere gewesen wäre. Dazu kommen wir aber noch ...

Ich sagte also freudig „Ja!" zu ihm, als er mich nach drei Monaten fragte, ob ich ins Saarland ziehen wolle. Mein Job in München war nicht mehr so spannend für mich. Fünf Jahre als Versicherungstrainerin waren genug, ich wollte mehr vom Leben. Ich wollte Coach sein oder vielleicht sogar mal Psychotherapeutin. Ich war mir sicher, dass ich mit ihm an meiner Seite alles erreichen konnte.

Um diese neue Chance nicht zu verlieren, kündigte ich noch schnell meine betriebliche Altersversorgung und meine Lebensversicherung, denn Pierre brauchte damals ganz dringend ein paar tausend Euro und er erzählte mir glaubhaft, dass er Privatinsolvenz anmelden müsse, wenn er dieses Geld nicht von mir bekommen würde. Wie romantisch. Ich habe ihn also gerettet!

Ich verkaufte alles was ich in München an Möbeln hatte und packte den Rest in meinen Kombi. Wie wunderbar ich loslassen konnte, ich war begeistert von mir selbst! Alles, was ich hatte, passte in ein Auto. Diese Beziehung musste jetzt klappen, denn ich hatte nicht mal mehr ein eigenes Bett.

Als ich die Treppen zu seiner Dachgeschosswohnung hochging, berührten meine Füße Rosenblätter, die überall im Stiegenhaus ausgestreut waren. Die Tür öffnete sich und die Zahl der Rosenblätter nahm zu, ein Herz aus Kerzen zierte den Wohnzimmerboden und im Bad war eine volle Badewanne, mit Schaum bis oben hin, rundherum standen Kerzen und eine gekühlte Flasche Champagner – mit Eiswürfeln im Sektkühler, versteht sich.

„Herzlich willkommen mein Schatz", stand in großen Lettern auf einem Leintuch, das unter der Decke hing. War ich im Fernsehen? Hatte ich irgendwas verpasst? Das kann doch nicht wirklich mir passieren? Mir, die sich bis dahin schon gefreut hat, wenn einer meiner Partner mich mal auf ein Abendessen eingeladen hat?

Ich war willkommen! So hatte ich mich seit meiner Geburt nie wieder gefühlt. Es war ein neues Leben – ich durfte endlich glücklich sein! Dieser Abend war der romantischste und schönste meines bisherigen Beziehungslebens. Doch was ich damals noch nicht wusste: Er sollte auch der letzte sein.

Am darauffolgenden Tag wollte ich mit meiner Freundin aus Graz telefonieren. Aber sein Festnetztelefon schien nicht zu funktionieren. Ich rief Pierre von meinem Handy aus an – er war selbstverständlich schon wieder am arbeiten – und er sagte kleinlaut, dass er wohl vergessen hatte, die Rechnung zu bezahlen. Ich könne sie ja mal schnell überweisen, wenn ich möchte. Selbstverständlich wollte ich das tun, wenn auch schon mit einem gewissen Widerstreben in mir. Aber ich hatte ja das Geld von den Möbeln, also was soll´s.

Ein paar Tage später wiederholte sich diese Geschichte mit der Stromrechnung, denn ohne Strom konnte ich nicht ins Internet und das war für mich als Neo-Selbständige schon sehr wichtig. Also bezahlte ich.

Seine Kinder kamen zu Besuch. Der Kühlschrank – ja, wir hatten einen Kühlschrank und nein, wir hatten keine Küche – war leer. Kinder müssen etwas „Richtiges" essen, also ging Eva einkaufen ... Auch dieses Verhalten war so selbstverständlich für mich. Meine Mutter hat auch immer alles getan für ihre Familie, niemals kam sie auch nur auf die Idee zu sagen: Kannst DU mal einkaufen gehen? Kann mal jemand anders kochen oder den Tisch decken? Es schien so eindeutig und klar zu sein, wer für das Essen zu sorgen hatte. Dass in meiner Familie mein Vater das Geld nach Hause gebracht hat, habe ich natürlich in dieser Zeit mit Pierre übersehen müssen, sonst hätte ich mich vielleicht gar getrennt. Andererseits fühlte ich mich noch unentbehrlicher und stärker, weil ich hier beides war: Mutter und Vater zugleich.

Diese Kinder waren sicher an Luxus gewöhnt, dachte ich, also musste ich schon was Feines einkaufen. Die Kinder waren so glücklich und sagten mir schon nach dem ersten Wochenende, dass es einfach perfekt sei, dass ich endlich bei ihrem Vater wohne. Der ältere Sohn wollte sogar so bald wie möglich zu uns ziehen. Ich war ein wenig zurückhaltend. Das ging dann doch zu schnell für mich!

Dann kam eine Zeit der Verwirrung – ich finde kein besseres Wort, um diese Monate und Jahre zu beschreiben, die folgten. Wir mussten aus der Wohnung ausziehen, denn sie war nicht bezahlt. Die Fenster waren undicht, die 160 Quadratmeter viel zu groß für uns, also nahm Eva das Ganze in die Hand.

Da Pierre meinte, dass er „sicher nicht in einer Zweizimmerwohnung hausen" würde, denn das wäre keine Motivation für ihn, suchte ich eine Dreizimmerwohnung. Natürlich vom Feinsten, mit französischen Fenstern. Neubau! Auch nicht billiger als die erste, aber wenigstens mit Fenstern, die dicht waren. Als sein Auto kaputt ging, kaufte ich ein Neues und packte noch den Kredit des alten Autos, der auf seine Schwester lief, in meinen neuen Kredit mit rein. Diese Geschichte ging weiter und weiter und weiter.

Besonders schlimm für mich war, dass ich niemandem erzählen konnte, was passierte, denn ich wollte nicht, dass Pierre sich schämen musste. Diese Projektion sollte ich aber erst viel später erkennen!

So gingen also die Monate ins Land und ich kaufte dies und bezahlte das. Ich arbeitete zu dieser Zeit als Versicherungsverkäuferin, da ich natürlich eine Menge Geld brauchte, um unseren Lebensstil zu finanzieren. Dabei hasste ich diesen Job und wollte ihn schon 1998 nicht mehr machen, als ich meinen ersten Beruf als Versicherungsberaterin an den Nagel hängte, um meine Diplomarbeit in Psychologie zu schreiben, damit ich nie wieder etwas mit Versicherungen zu tun haben müsse.

Doch alles drehte sich nun Tag ein, Tag aus nur noch ums Geld: „Ich brauche noch was – ganz dringend! Es ist das letzte Mal, dass ich frage! Bitte nur dieses eine Mal noch, du wirst sehen, in zwei Monaten lachen wir darüber. Es kommt ein großes Geschäft auf mich zu, dann gebe ich dir alles zurück und noch mehr… und ich fragte immer öfter: wann bekomme ich etwas zurück? Doch anstatt mir eine Antwort zu geben, war er genervt!

Unendliche Diskussionen folgten. Einmal gestand Pierre mir, dass er an unserem ersten Abend nur 25 Euro dabei gehabt hatte, als wir in der Bar gewesen waren. 25 Euro für die komplette Woche am Starnberger See und deswegen hatte er nur einen Cocktail getrunken. Er hatte gepokert, hatte sich überlegt, was er tun sollte, wenn ich einen dritten Cocktail hätte haben wollen. Wie meistens hatte er Glück gehabt. Ich wollte nur zwei, so wie er es eingeplant hatte. Er wäre sicher ein guter Pokerspieler geworden, diese Idee kam ihm aber nie, soviel ich weiß.

Ich war wie sein Besitz, seine lebendige Visakarte, wie ich mich damals selbst nannte. Er konnte mit mir machen, was er wollte, ich war da, öffnete meinen Geldbeutel, kramte die letzten Euros raus und war immer wieder bereit, neue zu organisieren. Meine Bank gab mir großzügig Kredite und meine Angst, auch in die Privatinsolvenz zu rutschen, wurde täglich größer und größer.

Natürlich war Pierre unterdessen längst doch in der Privatinsolvenz gelandet. Das hieß: Der neue Handyvertrag musste auf mich laufen, die Mieten für weitere zwei Wohnungen liefen auf mich – irgendwie klappte es nie, dass wir länger in einer Wohnung bleiben konnten – und alle übrigen Kosten bezahlte sowieso ich.

Ich schaffte es einfach nicht, *nein* zu sagen und zu riskieren, dass Pierre mich verlässt oder noch mehr Probleme mit Gläubigern bekommt, denen er nach dem Beginn der Privatinsolvenz Geld schuldete, denn verändert hat er natürlich nichts an seinem Lebensstil. Ich versuchte also ein sinkendes Schiff mit allem, was ich hatte, und allem was ich tun konnte, vor dem Versinken zu retten und versank selbst immer mehr.

Doch langsam war es sogar für mich genug! Es musste aufhören! Ich teilte ihm mit, dass ich ihm nie wieder Geld geben würde. Ich wollte getrennte Kassen. KEIN Geld mehr für ihn von Eva! Und ich zog das auch tatsächlich durch. Wow.

Daraufhin teilte er mir relativ zeitnah mit, dass er ausziehen würde. Ein Freund hätte ihm angeboten, kostenfrei bei ihm wohnen zu können, da er ihn dabei unterstützen wollte, von mir weg zu kommen. Ich wäre nicht gut für ihn, würde ihn mit meinen finanziellen Sorgen zu sehr stressen, meinten Pierre und sein Freund. All die Gespräche rund ums Geld wären doch schon lange zu viel für ihn und er möchte frei sein von diesen „Altlasten“, die ich ihm immer wieder vorwerfen würde.

Geistesgegenwärtig hielt ich Pierre ein Blatt Papier unter die Nase und sagte, er sollte mir bestätigen, dass er mir 28.000 Euro plus die Restraten vom Auto schuldet, das er weiterhin fahren wollte. Er schrieb das brav auf und setze seine Unterschrift drunter. 10.000 pro Jahr, eine stattliche Summe, die da zusammengekommen war. Endlich hatte ich auf meinen Instinkt gehört – und das sollte mir Jahre danach tatsächlich mein Geld zurückbringen! Aber dazu später mehr.

Die Koffer waren schnell gepackt und weg war er. Ich hatte keine Adresse, sein – mein – Handy war die darauffolgenden Tage ausgeschaltet und unsere „Freunde“ waren plötzlich nur mehr seine Freunde, denn ich „hätte es nicht anders verdient“. „Einem Mann ständig vorzurechnen, was er noch schuldete, ihn immer wieder um ein ernstes Gespräch zu bitten, in dem es um Geld gehen sollte, wäre einfach nicht richtig in einer gleichberechtigten Partnerschaft“, war der Tenor.

Ich hatte ihn also vertrieben. Dieser Gedanke machte mich total fertig. Ich steigerte mich mehr und mehr hinein und richtete die ganze Aggression, die im Grunde gegen ihn gehen sollte, gegen mich!

Ein großes, schwarzes Loch tat sich auf und ich fiel und fiel. Fünf Flaschen Wein an zwei Tagen sollten meinen Kummer ertränken. Als ich am nächsten Tag mit Kopfschmerzen aufwachte, war mir klar, dass das kein Weg für mich sein würde. Nicht einmal eine Alkoholikerin konnte ich werden. Ich taugte also gar nichts. Ich war einfach nur falsch, erbärmlich, ganz und gar nicht liebenswert, eine Versagerin, wie sie im Buche stand. Es gab zwei Optionen: Handeln oder Selbstmord begehen. Über Letzteres dachte ich nach, strich es aber schnell wieder, denn ich konnte mir selbst körperlich nicht wehtun.

Ich musste mich der ganzen verfahrenen Situation also stellen. Nur wie? Ich war verschuldet bis unters Kinn, hatte eine Wohnung an der Backe, die für mich allein viel zu groß war, zwei Kredite, zwei Autos, zwei Handys und einen Job, den ich hasste. Ich war allein im Saarland, hatte zwei Bekannte, mit denen ich manchmal spazieren ging, und das war´s.

Bei Familienaufstellungen (Buchtipp zu dieser Methode im Anhang), an denen ich teilgenommen hatte, zeigte sich schon seit Monaten, dass er mich verlassen würde. Einmal sagte eine Stellvertreterin, die für ihn gestanden hat, sogar: „Wenn du so dumm bist, werde ich dich so lange ausnehmen, wie es nur geht.“ Ich war einfach taub auf diesem Ohr. Ich war wütend auf diese Frau und unterstellte ihr „Manipulation“. Irgendwie schien es jedem klar zu sein, was passieren würde, nur mir nicht. Ich war am Ende.

Wohin sollte ich? Wem könnte ich all mein Leid anvertrauen? Einige alte Freundinnen aus Graz hörten mir zu, wenn ich am Telefon weinte und jammerte und mich mehr und mehr Richtung Opferrolle bewegte. Sollte ich also zurück nach Graz, heim zur Mama, ihr sagen, dass ich es nicht hinbekommen habe und in mein Kinderzimmer ziehen? Musste ich erkennen, dass ich gescheitert bin? Einige Gedanken in mir sprachen eindeutig dafür.

Andere Teile in mir waren aber bereit, wieder aufzustehen, die Krone zu richten und weiterzugehen. Wieder andere Teile in mir waren sich sicher, dass er zurückkommen würde und doch noch alles gut wird.

So lebte ich einige Wochen dahin, vegetierte, weinte, jammerte, kämpfte und überlegte, was ich tun könnte. Eine günstigere Wohnung war schnell gefunden. Immer noch mit drei Zimmern, denn er könnte ja zurückkommen ... Die Opferrolle gefiel mir recht gut, denn ich konnte einfach nicht hinschauen und erkennen, dass ich selbst mich in diese Lage gebracht habe, weil ich das Zusammensein mit diesem Mann weit über mein eigenes Wohlergehen gestellt hatte. Verantwortung für mein Handeln zu übernehmen, schien mir unmöglich. So suhlte ich mich weiterhin in dieser Rolle, die viele von uns Menschen so wunderbar spielen: ein Opfer!

Die Schuld wird nach außen projiziert, ER ist der allein Schuldige, und in diesem Fall gab mir ja fast jeder Mensch, der nicht sein Freund war, Recht. So erhärtete sich meine Meinung, dass ER schuld ist und ICH die Arme bin, die aus Liebe in solch eine missliche Lage geraten ist.

Mein Weg raus aus der Opferrolle

Eines Tages erhielt ich ein E-Mail von einer meiner Grazer Freundinnen, in dem ein Link zu einem Video mit einer Frau namens Byron Katie war. Ich schaute mir das Video an und als ich in die Augen dieser Frau sah, fühlte ich plötzlich neue Hoffnung. Wenn jemand wie sie auf diesem Planeten lebt, gibt es auch für mich Hoffnung, so viel war klar, denn ich fühlte jedes Mal innere Ruhe, wenn ich ihr zuhörte. Eine neue Art von Ruhe, die mir nach dieser stürmischen Zeit angenehm und willkommen war.

Ich verstand nicht wirklich, was sie da mit den Leuten auf der Bühne machte, aber irgendwas tief in mir sagte: Das ist es, was du suchst, Eva. Der Schlüssel, der ins Schloss passt. Nimm ihn.

Ich recherchierte im Internet über Byron Katie und erfuhr, dass sie mehrere Bücher veröffentlicht hatte. Sofort kaufte ich mir zwei davon und begann zu lesen. Auf jeder Seite sagte ich mehrfach: JA! Genauso ist es! Meine Güte, warum habe ich das nicht früher erkannt?

Das Buch „Ich brauche Deine Liebe – stimmt das?" wurde die Begleitung für meinen Alltag. Täglich las ich viele Seiten, immer wieder und wieder. Jedes Mal ging es mir nachher viel besser als vorher. Das war wirklich wunderbar!

Inzwischen hatte ich verstanden, dass das, was Byron Katie mit anderen Menschen machte, eine Art Selbsterfahrungs-Methode war, die The Work hieß. Ich wollte mehr über diese Methode erfahren. Auf der Website las ich, dass es eine „Helpline" gibt, die man über Skype kostenlos anrufen konnte – und das tat ich.

Dort stellte mir eine Frau Fragen, die mich nicht weiterbrachten, doch ich wollte nicht aufgeben. Wahrscheinlich brauchte ich einfach nur einen anderen Coach, einen, der richtig teuer ist, denn teuer ist gut, nicht wahr? Das hatte ich von Pierre gelernt.

Also recherchierte ich wieder und fand auf der Seite von Byron Katie einen zertifizierten Begleiter, der für 100 Euro die Stunde The-Work-Begleitungen auf Deutsch anbot. Sogleich rief ich ihn an und klagte ihm mein Leid. Er sagte mir, ich solle meine Gedanken auf ein Blatt Papier schreiben. Am besten über eine andere Person, über die ich mich geärgert habe. Es gab dafür sogar ein Arbeitsblatt, das man auf der Website von Byron Katie herunterladen konnte.

Sofort begann ich, mein erstes Arbeitsblatt auszufüllen. Ich schrieb es über eine Frau, mit der ich ab und zu mal im Wald spazieren ging. Über Pierre traute ich mich noch nicht zu schreiben. Außerdem war ich überzeugt, dass alles, was ich über ihn dachte, einfach den Tatsachen entsprach. Da würde mir diese „Work“ also sicherlich auch nicht helfen können.

Also schrieb ich über diese Frau, die mit ihrem Hund bei ihrer Mutter lebte, die sie zutiefst verachtete. Jedes Mal wenn wir uns trafen, erzählte sie, was ihre Mutter wieder gesagt oder getan hatte und wie sehr sie sie verabscheute. Ich versuchte, all mein psychologisches Wissen in diese Frau reinzuhämmern, denn mir war so klar, dass sie natürlich ausziehen musste, um frei zu werden. Ich wollte ihr jedes Mal bei unserem Hundespaziergang klarmachen, dass sie sich selbst belügt und betrügt und doch nur aus Bequemlichkeit (gratis Wohnung und gratis Hundesitter) bei ihrer Mutter blieb. Es war soooo klar für mich, was da lief, dass ich nicht verstehen konnte, warum sie selbst es nicht sah. Sie schaufelte ihr eigenes Grab, nur um nicht die Verantwortung für ihr Leben übernehmen zu müssen.

In dem folgenden Telefonat mit diesem zertifizierten Begleiter, den ich über Byron Katies Webseite gefunden hatte, wurde mir klar, dass in Wirklichkeit ich diese Frau bin. Ich arbeite bei der Versicherung, obwohl ich es hasste. Ich war nur wegen des Geldes in dieser Branche unterwegs. Ich jammerte und zeterte täglich über dieses Thema und änderte nichts. Ich genoss alle Bequemlichkeiten, die ich von dieser Firma großzügig erhielt und ließ in Gesprächen mit Freunden kein gutes Haar an ihr. Ich war also diese Frau, die ihr eigenes Grab schaufelte und nicht bereit war, endlich Verantwortung für ihr Leben zu übernehmen.

Und mein Pierre hatte mir das schon die ganze Zeit so wundervoll gespiegelt, doch ich hab´s einfach nicht gesehen!

Ich log mich seit Jahren an. Ich lebte eine Lüge! Ich kaufte mir Liebe und Zuneigung. Ich benutzte Geld, um meinen Selbstwert zu steigern. Meine Konten waren seit vielen Jahren im Minus. Ich lebte permanent über meine Verhältnisse. Ich hatte wirklich sehr tief geschlafen! Jetzt war es an der Zeit, endlich aufzuwachen.

Ich kündigte meinen Job bei der Versicherung noch in derselben Woche!

Die Reise zu mir selbst beginnt

Als mein damaliger Chef versuchte, mich zu überreden, doch zu bleiben, mir Angebote machte, die ich wenige Wochen vorher sicherlich dankend angenommen hätte, kam eine Stimme aus mir heraus, die einfach NEIN! sagte. Ich erschrak.

War das dieses „Etwas“, das in mir war und wusste, was die Wahrheit ist?! Das, wovon Katie sagt, dass ES einfach *tun* würde, ohne dass wir darüber nachdenken müssen?

Mein Ego wollte „Ja“ zum Angebot meines Chefs sagen, die Sicherheit des monatlichen Geldbezugs weiterhin genießen, all die Vorzüge dieser Branche nicht verlieren. Doch etwas anderes in mir sagte einfach NEIN. Ganz klar und eindeutig.

Ich stand auf und dachte: „Byron Katie, wenn ich in zwei Monaten auf der Straße lebe, verklag ich dich. Denn dann schreibst du in deinen Büchern ziemlichen Unsinn und The Work funktioniert nicht.“

Heute glaube ich zu verstehen, dass auch ein Lebensabschnitt auf der Straße vielleicht zu meinem Leben gehört hätte und ich Byron Katies Haltung damals noch nicht richtig verstanden habe. Aber es kam ohnehin anders...

Ich postete in WKW, einem regionalen Online-Netzwerk, dass ich dringend einen Job suchte. Ich schrieb auf, was ich alles gemacht hatte und was ich konnte und sagte dann zu Katies Foto auf dem Buch „Ich brauche deine Liebe – stimmt das?“, das wie immer auf dem Tisch lag: „So, Katie, ich lebe jetzt meine Wahrheit und bin gespannt, was passiert.“

Keine drei Stunden später erhielt ich ein Mail von einem Trainer aus Saarlouis, der fragte, ob ich denn auch in Frankfurt arbeiten würde. Klar, sagte ich! Und so hatte ich schnell eine Option, die mich vielleicht vor der Straße rettete. „Wir leben in einem freundlichen Universum“ sagt Katie oft – und das und vieles mehr durfte ich bald lernen, auf meiner Reise zu mir selbst!

Muster der Kindheit werden reinszeniert

Weshalb lässt eine intelligente, attraktive Frau wie ich so etwas mit sich machen und liefert sich einem Mann wie Pierre so völlig aus?

Meine Erfahrung ist, dass wir Muster leben, die in unserer Kindheit geprägt werden. In der Folge arbeiten wir uns fortwährend an diesen Mustern ab. Wir machen immer wieder dieselben Erfahrungen, um endlich unsere Verstrickung lösen zu können. Wir ziehen in diesem Sinne Menschen in unser Leben, die uns „zeigen", welche Prägung bei uns passiert ist, um uns davon zu befreien. Anders gesagt: Wir treffen auf Menschen, die unsere „Lehrmeister" sind, Menschen, durch die wir lernen dürfen, was genau in uns noch nicht geheilt und integriert ist. Ich werde auf den nächsten Seiten erklären, was das bedeutet, und auch eine Einführung in The Work von Byron Katie geben, damit meine Leser verstehen, wie ich mich auf diese Reise zu mir selbst begeben habe. Ich nenne Pierre deswegen sehr gerne meinen „allerbesten Lehrmeister". Ich bin dem Universum sehr dankbar, dass er mir geschickt wurde. Für alles, was ich durch ihn lernen durfte, werde ich ihm ewig dankbar sein.

Zurück zur Kindheit: Ich war ein Wunschkind und bin in meiner frühen Kindheit sehr verwöhnt worden. Ich war nicht nur das Glück meiner für damalige Verhältnisse ziemlich alten Eltern, sondern auch der Großeltern und der kinder- (und männer-)losen Tanten. Ich war ihr ein und alles und wurde vor allem Übel der (äußeren) Welt bewahrt.

Als Kinder lassen wir uns aber nicht täuschen und spüren, wenn mit unseren Eltern seelisch etwas nicht stimmt. Ich habe lange gebraucht, um zu verstehen, wie sehr meine Eltern durch den Zweiten Weltkrieg traumatisiert waren und wie sehr sie ihre Gefühle abgespalten hatten. Sie sagten und zeigten zwar oft: „Ich liebe dich!" – aber ich fühlte es wohl nicht. Ich sehnte mich nach innigem Kontakt, Ehrlichkeit, Offenheit, „wahren" Gefühlen. Das ist für viele Menschen der Kriegsgeneration, wie meine Eltern es waren, sehr schwer zu leben. Sie sind so sehr daran gewöhnt, ihre Gefühle zu dissoziieren (abzuspalten, nicht im Kontakt mit Gefühlen sein, die wehtun könnten), dass ihre Worte oft wie leere Hülsen klingen. Das Herz ist verschlossen, sie können und möchten ihre Verletzungen nicht zeigen und vor allem nicht spüren. Als Kind dachte ich, es wäre meine Schuld und fühlte mich ungeliebt, ungesehen und vor allem unverstanden.

Mein Vater hat im Zweiten Weltkrieg als junger Mann in Russland schlimme Dinge erlebt und niemals auch nur ein Wort darüber gesprochen. Er war durch eine Granate schwer verletzt worden, verbrachte lange Zeit im Gefangenenlager und hat wahrscheinlich, wie die meisten Soldaten, andere Menschen getötet. In Familienaufstellungen zeigten sich die immensen Schuldgefühle, die er Zeit seines Lebens mit sich herumgetragen hat.

Mein Bruder und ich wurden von ihm mit Härte und Strenge erzogen, denn das allein machte seiner Ansicht nach „starke Menschen" aus uns. Alles, was schwach oder anders war als er, wurde zutiefst abgelehnt. Ich war sein Vorzeigekind und ich war stolz darauf, wie ein Junge zu sein und niemals zu weinen. Das hielt ich erstaunlich lange durch. Die Strenge und die Schläge, die ich bekam, gab ich als Täterin an andere weiter, indem ich mobbte, verbal attackierte und Schwächere verachtete. Ich wurde von vielen als arrogant, überheblich und unsympathisch bezeichnet. Nur wenige Menschen erkannten, dass ich ein sehr verletztes, unsicheres Mädchen war, ständig auf der Suche nach Liebe und Anerkennung.

Anerkennung konnte ich leicht bekommen, indem ich mich auf Bühnen stellte und sang. Mein Traum, Operettendiva zu werden, unterstützte mich in dem Glauben, Liebe und Anerkennung zu bekommen, wenn ich nur richtig gut und berühmt werden würde. Es hat – zum Glück – nicht geklappt. Ich lerne nun endlich, mir selbst die Liebe und die Anerkennung zu geben, die ich Zeit meines Lebens von anderen haben wollte.

Meine Mutter erlebte ich als die „alles Erduldende", die Organisatorin unserer Familie, diejenige, die Konflikte unter den Tisch kehrte und gerne die perfekte Mutter für uns Kinder gewesen wäre. Heute kann ich von Herzen anerkennen, dass sie ihr allerbestes gegeben hat und meinem Bruder und mir wirklich eine gute Mutter war. Ich kann auch sehen, dass sie sich nicht zwischen mich und meinen Vater stellen konnte, das hätte absolut nicht ihrem Welt- und Männerbild entsprochen. Sie ließ ihn also in der Kindererziehung schalten und walten, wie er es für richtig befand.

Die Geschichte mit meinem „allerbesten Lehrmeister" aus dem Saarland brachte mich auch meiner Mutter ein großes Stück näher, denn oft tauchen während den Works wichtige Menschen aus der Kindheit auf, die unserer Meinung nach mit diesem Thema zu tun haben.

Nachdem ich The Work einige Male mit dem bereits erwähnten zertifizierten Begleiter angewendet hatte, buchte ich Seminare, in denen ich The Work noch besser kennenlernte. Wenn ich das hier so schreibe, frage ich mich: Wie habe ich das eigentlich bezahlt? Ich weiß es nicht, ist die ehrliche Antwort. Es war immer genug Geld da, wenn ich welches brauchte. Und bald begann ich sogar mit der Ausbildung zum Coach für The Work. Ich hatte also in dieser Zeit viele Begleitungen mit Kolleginnen und Kollegen aus der Ausbildungsgruppe, in denen ich meistens Arbeitsblätter über Pierre schrieb und bearbeitete. Er war das Bindeglied zwischen meiner Vergangenheit, meiner Mutter, meinem Vater und meiner Gegenwart. Mein perfektes Lernobjekt, um mich selbst zu erkennen!

Wie können wir uns durch The Work erkennen?

Bei „The Work" werden wir dazu eingeladen, unsere Gedanken nach außen zu projizieren, etwas, was wir sowieso immer tun. Wir denken unzählige Gedanken, wie:

- Das Wetter sollte schöner sein
- Es sollten weniger Autos auf den Straßen unterwegs sein
- Ich sollte erfolgreicher im Job sein
- Mein Freund sollte mehr Zeit für mich haben
- Meine Freundin sollte nicht so leiden müssen
- Meine Kinder, meine Mutter, mein Vater sollten / hätten sollen ...
- Bis hinzu: Krankheiten sollten, der Tod sollte, Gott sollte ...

Für alles und alle haben wir Tipps, auf uns selbst schauen wir dabei selten. Wir wünschen uns, dass Dinge anders sind, als sie sind, und wir stressen uns selbst mit Gedanken über die Realität, die wir nicht so annehmen können, wie sie ist.

Diese Gedanken schreiben wir auf das Arbeitsblatt „Urteile über deinen Nächsten". Mit den vier Fragen von The Work überprüfen wir jeden einzelnen davon und erfahren uns damit selbst. Ich zeige meinen Lesern hier gerne, wie das funktioniert.

The Work ist keine kognitive Umstrukturierung und keine Therapie oder Heilmethode. The Work ist meiner Erfahrung nach die radikalste Selbsterfahrung, die es gibt.

Sie funktioniert nur, wenn wir die Fragen beantworten!

Auf den vielen Arbeitsblättern, die ich über Pierre geschrieben habe, standen unter anderem folgende Sätze:

1. **Wer ärgert, verwirrt oder enttäuscht dich – und warum?**
   Ich bin wütend auf und enttäuscht von Pierre,
   - weil er mich verlassen hat.
   - weil er mich im Stich gelassen hat.

- weil er mich alleine gelassen hat.
- weil er mich ausgenutzt, benutzt, belogen und betrogen hat.
- weil er mich um mein Geld gebracht hat.
- weil er schuld daran ist, wenn ich insolvent werde.

2. **Wie willst du, dass er/sie sich ändert? Was willst du, das er/sie tut?**
   Ich will, dass Pierre sich bei mir entschuldigt.
   Ich will, dass er mir mein Geld zurückgibt.
   Ich will, dass er sieht, was ich alles für ihn getan habe.
   Ich will, dass er mir dankbar ist.
   Ich will, dass er mit dieser Art von Leben aufhört.
   Ich will, dass er erwachsen wird.
   Ich will, dass er endlich Verantwortung für sein Leben übernimmt.
   Ich will, dass er zu mir zurückkommt.

3. **Welchen Rat würdest du ihm/ihr anbieten?**
   Pierre sollte mir mein Geld zurückgeben.
   Er sollte einsehen, dass man so nicht leben kann.
   Er sollte verstehen, dass ich nicht mehr geben konnte.
   Er sollte auf mich zukommen.
   Er sollte meine Angst verstehen.
   Er sollte mir dankbar sein.
   Er sollte mich für meine Großzügigkeit lieben.

4. **Damit du glücklich sein kannst: Was brauchst du, das er/sie denkt, fühlt sagt oder tut?**
   Ich brauche von Pierre, dass er mir aus dieser Lage heraushilft.
   Ich brauche von ihm, dass er mich rettet.
   Ich brauche von ihm, dass er mich nicht alleine lässt.
   Ich brauche von ihm, dass er mich wieder auf sicheren Boden stellt.
   Ich brauche, dass er mich jetzt unterstützt.

5. **Was denkst du über ihn/sie? Erstelle eine Liste.**

   Pierre ist oberflächlich, ein Ausnutzer, ein Betrüger, feig, kann nicht mit Geld umgehen, ein Loser, gemein, ein unreifes Kind.

6. **Was ist es, das du nie wieder erleben willst?**
   Ich will nie wieder erleben, dass ich so benutzt und ausgenommen werde.
   Ich will nie wieder erleben, dass meine Liebe so ausgenutzt wird.

Ich schätze, dass ich im Laufe von zwei Jahren weit über 30 oder 40 Arbeitsblätter über Pierre geschrieben und bearbeitet habe. Jedes Mal bin ich in die Stille in mir gegangen und habe auf die Antworten gewartet. Anfangs eher ungeduldig und schnell, später mehr und mehr mit Ruhe und Gelassenheit, The Work vertrauend. Ich weiß, dass die Antwort auftauchen wird, ich weiß, dass die Beispiele für die Umkehrungen aus mir heraus kommen werden, wenn ich lange genug warte. Die Umkehrungen sind immer wahr! Ich muss nicht überlegen: Ist es wahr? Ich darf überlegen: WIE ist es wahr? Ich darf die Antworten in mir finden, die mich frei werden lassen, die mich raus aus der Opferrolle bringen, mich mehr und mehr erwachsen werden lassen.

„Er hat mich verlassen!“ – ich worke den ersten Gedanken:

1. **Ist der Gedanke wahr?**
   Ja
2. **Kann ich mit absoluter Sicherheit wissen, dass der Gedanke wahr ist?**
   Ja
3. **Wie reagiere ich und was passiert mit mir/in mir, wenn ich den Gedanken glaube: „er hat mich verlassen“?**

   Ich bin verzweifelt, fühle mich allein, verlassen, einsam, ohne jede Hoffnung. Ich sehne mich nach ihm, der Schmerz in meiner Brust ist kaum auszuhalten. Mein Herz ist schwer und zieht meinen ganzen Körper nach unten. Mein Hals schnürt sich zu, ich weine, trauere und versinke in Selbstmitleid.

Ich sehe Bilder von vergangenen Beziehungen und habe Versagens- und Ohnmachtsgefühle. Ich verliere jede Hoffnung, jemals aus diesem schwarzen Loch herauszukommen.

Ich sehne mich nach einem Retter, einem Helden, der mich aus dieser misslichen Lage befreit. Ich jammere, flehe und mein Körper zittert. Ich fühle mich wie in der letzten Stunde meines Lebens. Völlig am Ende.

Ich bin nicht in der Lage zu sehen, dass dieses Ende gut für mich ist. Ich bin nicht in der Lage zu sehen, dass ich selbst daran beteiligt bin, dass es so endet (– weil ich es nicht beendet habe).

Ich bin nicht in der Lage, erwachsen und in Selbstliebe mit dieser Situation umzugehen, habe kein Mitgefühl für mich und trete mich selbst mit Füßen, verachte und missbillige mich.

4. **Wer wäre ich ohne diesen Gedanken: „er hat mich verlassen"?**

   Ich könnte sehen, dass Pierre genau DAS gemacht hat, was ich schon lange tun wollte. Ein übles Spiel, eine kranke Beziehung beenden. Ich wäre froh, dass er es getan hat, würde mich freier und leichter fühlen ohne ihn und würde die Verantwortung für mein Leben übernehmen. Ich würde mich in den Arm nehmen, mich trösten und für mich da sein.

   Ich würde Mitgefühl mit mir selbst haben und mir versprechen, dass ich beim nächsten Mann besser auf mich achten werde. Ich würde nach einem guten Therapeuten Ausschau halten, der mir zeigt, wie ich meine bedürftigen inneren Anteile festigen und stabilisieren kann. Ich würde atmen, sitzen, ruhig werden und trauern. Ich wäre jemand, der weiß, dass nach jeder Nacht wieder die Sonne aufgeht.

Dann **kehre ich den Gedanken „er hat mich verlassen" um**, und erkenne, wo mein eigener Anteil liegt. Wo/Wie genau habe ich selbst *das* getan, was ich *ihm* unterstelle? Und wo mache ich es immer noch?

1. Umkehrung
   Nicht ER hat mich verlassen, sondern ICH habe mich verlassen.

Die drei Beispiele dazu konnte ich leicht finden:

Ich hatte mich selbst bereits verlassen, als ich zu ihm gezogen bin und all das Geld aus München an ihn abgegeben habe.

Ich habe mich verlassen, als ich so schlimme Rückenschmerzen hatte, dass ich nicht vom Bett aufstehen konnte. Anstatt die Beziehung zu verlassen, habe ich mich verlassen, mir Schmerzmittel in den Rücken spritzen lassen und weiter an der Beziehung zu ihm festgehalten. Ich habe weiter den Job gemacht, den ich nicht machen wollte, nur um alles bezahlen zu können.

Ich habe mich verlassen, weil ich unbedingt IHN retten wollte, anstatt darauf zu achten, dass meine eigenen Schulden weniger würden.

2. Umkehrung: Ich habe ihn verlassen.

Ich hatte ihn schon lange verlassen, in meinen Gedanken. Und auch ihm gegenüber habe ich immer wieder Andeutungen fallen lassen: „Ich werde dich verlassen, wenn sich nichts ändert …“. Ich habe ihn tausendmal verlassen!

3. Umkehrung: Er hat mich nicht verlassen.

Ich kann sehen, dass er mich *nicht* verlassen hat, sondern mich durch sein Fortgehen endlich zu mir selbst zurück gebracht hat. Schmerzlich, „voll in die Fresse“, wie ich gerne sage, aber immerhin auf den richtigen Platz, nämlich: zu mir selbst!

Mein Leid wurde mit Hilfe dieser „Works“ über ihn immer kleiner und ich „workte“ mich raus aus dem tiefen schwarzen Loch. Langsam kam ich wieder auf den Boden zurück, der mich trug. Teilweise hatte ich Schuld- und Schamgefühle, doch bereits in meiner ersten „School für The Work“ bei Byron Katie durfte ich lernen, dass es keine Schuld gibt und Scham auch nur eine Idee unseres Geistes ist, um die Verantwortung für uns selbst nicht übernehmen zu müssen. Ich konnte mich mehr und mehr als erwachsene und selbstverantwortliche Person wahrnehmen. Das fühlte sich gut an!

All das, was auf meinen Arbeitsblättern über Pierre steht, bin ich. Ich schluckte diese Erkenntnisse oft ziemlich schockiert runter, blieb aber dabei: Ich bin er.

Es ist auf den ersten Blick natürlich schlimm zu erfahren:

Ich habe betrogen, ich habe gelogen, ich lebe in einer Scheinwelt, ich hoffe darauf, dass jemand im Außen mich rettet. All das, was ich über ihn denke und je gedacht habe, bin ich!

Auf den zweiten Blick aber konnte ich schnell sehen, dass ich durch diese Erkenntnisse kein Opfer mehr bin, sondern diejenige, die die Dinge getan hat, die ich ihm vorwerfe. Diejenige, die ihm das Geld gegeben hat, diejenige, die bei ihm blieb, obwohl die Schuldenberge immer größer wurden, und diejenige, die sich bald verändern muss, wenn sie ihr Leben in den Griff bekommen will. Und das wollte ich!

Immer wieder entdeckte ich in diesen „Works“ einen Zusammenhang mit meiner Geschichte über meine Mutter. Immer wieder tauchte sie in meinen Überprüfungen auf. Sätze, die sie zu mir gesagt hat, als ich Kind oder Jugendliche war, rückten in den Vordergrund, als ich meine Gedanken über Pierre überprüfte. Ich arbeitete in dieser Zeit also nicht nur an der Geschichte mit Pierre, sondern auch an meinem Mutterthema. Ich gab ihr zeitweise mehr und mehr die Schuld daran, immer wieder an Männer zu geraten, die nicht gut für mich sind, und war jedes Mal gespannt, was bei den Works über sie herauskommen wird.

Ich schob ihr zum Beispiel in die Schuhe, dass sie mir ein falsches Männerbild vermittelt hat, mir durch ihr extremes Sparprogramm nicht beigebracht hat, freudig und leicht mit Geld umzugehen, dass sie ihre immensen Ängste über das Leben auf mich hat übergehen lassen und mich mit ihrer Einstellung und ihren Befürchtungen über Männer und Beziehungen verwirrt hat.

Ich erlebte, wie jedes bearbeitete Arbeitsblatt mir mehr Erkenntnisse über mich selbst brachte. Da jeder bearbeitete Gedanke mich näher zu mir selbst brachte, war es egal, über wen ich workte. Ich nahm mir Gedanken über Pierre und meine Mutter vor, wie es gerade passte und schrieb meine Arbeitsblätter über diese beiden Menschen, die damals in meinem Leben so wichtig waren.

Tochter und Mutter

Dies ist eines von vielen, vielen Arbeitsblättern über meine Mutter, das ich bearbeitet habe. Ich teile es gerne mit euch, damit ihr eine Idee bekommt, wie man an „alte Themen“ rangehen kann.

Ich habe dieses Arbeitsblatt aus der Sicht der Jugendlichen geschrieben, die – so meine Meinung – nicht gelernt hat, wie man einen guten Partner findet.

1. Ich bin verärgert und wütend über meine Mutter, weil sie mir ein falsches Männerbild vermittelt hat.
2. Ich will, dass meine Mutter mich stark macht. Ich will, dass sie mir vermittelt, wertvoll zu sein als Frau. Ich will, dass sie mir zeigt, wie man „gute Männer“ anzieht.
3. Meine Mutter sollte nicht erlauben, dass mein Vater mich schlägt. Sie sollte darauf achten, dass ich mich selbst wertvoll und attraktiv finde. Sie sollte meine Unsicherheit sehen. Sie sollte mich stärken. Sie sollte eine liebevolle und freundliche Mutter für mich sein.
4. Ich brauche von meiner Mutter, dass sie mich im Erwachsenwerden unterstützt. Ich brauche von ihr, dass sie mir ein korrigiertes Frauenbild vermittelt (und nicht das von 1940 und 1950). Ich brauche von meiner Mutter, dass sie mich dabei unterstützt, selbstbewusst und frei zu werden.
5. Meine Mutter ist altmodisch, unsicher, schaut nicht hin, ungerecht, feig.
6. Ich will nie wieder erleben, dass meine Mutter meinem Vater erlaubt, mich zu schlagen. Ich will nie wieder hören, dass meine Mutter mir die Schuld an etwas gibt, wofür ich nichts kann. Ich will nie wieder erleben, dass meine Mutter sagt: „Kannst du nicht normal sein, wie die anderen Mädchen auch?“

Nachdem das Arbeitsblatt fertig gestellt ist, beginne ich, den ersten Satz darauf zu überprüfen: Sie hat mir ein falsches Männerbild vermittelt.

1. **Ist das wahr?**

   Ich setze mich hin, schließe die Augen und warte. Ich lasse die Frage tief in mich hineinsinken und bin gespannt, welche Antwort in mir auftaucht.

Ich spüre diese Antworten in meinem Bauch. Sie kommen nicht vom Gehirn, vom Kopf. Nein, sie kommen aus dem Bauch.

Es kommt ein JA.

2. **Kannst du mit absoluter Sicherheit wissen, dass das wahr ist?** Deine Mutter hat dir ein falsches Männerbild vermittelt.

   Wieder sitze ich, warte und es kommt wieder ein JA aus mir heraus.

3. **Wie reagierst du, wenn du diesen Gedanken glaubst?**

   Ich erkenne, dass ich ihr Vorwürfe mache, sie anschreien und schütteln will, eine jüngere Mutter haben möchte, mich selbst bedauere, mich und sie klein mache, herabsetze, mich schlecht fühle, minderwertig, wie mit einem Dauerschaden behaftet, den ich nie loswerden kann. Ich fühle mich verloren, einsam, allein, hilflos und von der Welt ungerecht behandelt. Ich fühle mich nicht respektiert als Frau, nicht gesehen, nicht geachtet. Ich fühle mich unglücklich und unendlich traurig.

4. **Wer wärst du ohne den Gedanken?**

   Wer wäre ich ohne den Gedanken, dass meine Mutter mir ein falsches Männerbild vermittelt hat?

   Ich gehe wieder in die Stille, warte, atme, bleibe. Was wird auftauchen? Ich bin gespannt. Ich lasse den Gedanken aus meinem Kopf abziehen, wie eine Wolke, die weiter und weiter davonschwebt.

   Ich bemerke, dass ich besser durchatmen kann. Ohne diesen Gedanken wäre ich lockerer, erwachsener, größer, stärker, fröhlicher. Ich sehe die Chance, die ich habe, als 1966 Geborene. Eine Chance, als eigenständige Frau zu leben, unabhängig von Männern, selbstständig, authentisch, frei.

Die Umkehrungen zu dem Ausgangssatz: Meine Mutter hat mir ein falsches Männerbild vermittelt.

Umkehrung 1: Sie hat mir kein falsches Männerbild vermittelt.

Wie ist das wahr?

Sie hat mir gar kein Bild vermittelt, sondern mit vorgelebt, was sie selbst als richtig empfunden hat. So tun es alle Menschen. Sie tun, was sie tun.

Sie hat mir Dinge über Männer gesagt, die sie als wichtig empfunden hat. Sie wollte mich beschützen und hat mir erzählt, welche Erfahrungen sie mit Männern gemacht hat.

Sie hat auch positive Dinge über Männer gesagt, zum Beispiel über meinen Vater. Diese Dinge gehören auch zum „Männerbild". Ich erinnerte mich eher an die negativen, wie:

- Männer wollen nur das eine.
- Wenn sie dich im Bett haben, bist du nicht mehr wichtig für sie.
- Auf Männer kann man sich nicht verlassen.

Ich konnte nach dieser Umkehrung auch viele andere Sätze in mir finden, die meine Mutter über Männer gesagt hat.

Und diese negativen Glaubenssätze (Gedanken, die in meiner Familie als wahr angesehen wurden oder werden) kann ich separat mit The Work überprüfen.

Umkehrung 2: Ich habe ihr ein falsches Männerbild vermittelt.

Das kann ich total finden! Ich habe meistens schlecht über Jungs geredet, ihr erzählt, wie doof die sind und ihr auch nie jemanden vorgestellt und ihn als „meinen Freund" bezeichnet. Ich habe herumgedruckst und mich geschämt und gleich dazu gesagt, dass das „nur" ein Reitkollege oder ein Junge mit Moped ist, der mit mir Eis essen geht. Ich stand nie zu einem von diesen Jugendfreunden, fällt mir auf, wenn ich mit dieser Umkehrung „sitze". Die einzige Ausnahme war ein wunderschöner Italiener, den ich im Urlaub kennengelernt hatte. Den wollte ich heiraten. Aber ich habe ihr nie gesagt, wie sehr ich leide, weil wir uns nie wieder gesehen haben. Auch das konnte sie also nicht wissen von mir, weil ich es ihr nicht gesagt habe.

„Mit dieser Umkehrung zu sitzen" bedeutet, dass ich mir viel Zeit lasse, diesen Satz in mir zu finden: ICH habe ein falsches Männerbild vermittelt. WIE ist das wahr?

Umkehrung 3: Ich habe mir selbst ein falsches Männerbild vermittelt.

Auch diese Umkehrung kann ich finden. Ich bin sehr schnell damit, einen Fehler bei Männern zu finden. Ich wühle dann in diesem wunden Punkt herum, mache Vorwürfe und möchte, dass der Mann etwas daran ändert. Ich kann schlecht akzeptieren, wenn jemand anders ist als ich. Ich habe eine

Illusion in meinem Kopf, wahrscheinlich auch durch meine Liebe zur Operette, dass es Männer gibt, die perfekt sind, loyal, mutig und natürlich treu und dass irgendwo da draußen der Richtige auf mich wartet.

Ich muss lachen über dieses total falsche Männerbild: Richard Gere im weißen Mercedes, der Julia Roberts in „Pretty Woman“ aus ihrer schäbigen Wohnung holt in ein Leben voll von Luxus, Wärme und Liebe.

Tja … das ist sicher die wahrste Umkehrung von allen, muss ich mir eingestehen.

Während der Arbeit mit diesem Arbeitsblatt erkannte ich auch, dass ich *mir selbst* eine ziemlich schlechte Mutter bin. Ich passe nicht auf mich auf, bringe mich selbst immer wieder in Situationen, die mir schaden, helfe und unterstütze mich nicht, lasse mich immer wieder „schlagen“ – mit Taten, mit Dingen, die Pierre und viele andere Männer vor ihm mit mir gemacht haben, lasse mich behandeln, wie jemand, der nicht viel wert ist, wie jemand, der es total nötig hat, einen Mann zu haben, und erwarte dafür Respekt von Männern.

Ich habe weiter erkannt, dass ich mit meiner Mutter dasselbe gemacht habe, wie Pierre mit mir. Ich habe immer wieder Geld von ihr geliehen und es nie zurückgegeben. Eine meiner Therapeutinnen erklärte mir, dass ich wohl glaube, dass sie mir das schuldig wäre, weil sie zugelassen hat, dass mein Vater mich schlägt. Das leuchtete ein, fühlte sich aber nicht mehr richtig an, nach dem, was ich mithilfe von The Work über mich und sie gelernt hatte. Ich wollte nicht mehr Opfer sein, also kann Mutter nicht die Schuldige sein!

Die Umkehrungen der Sätze von Nummer 1-4 auf dem Arbeitsblatt bringen mich also zu meiner Wahrheit über mich selbst. Die Frage Nummer 5 kehre ich einfach gleich zu mir um und suche nach Beispielen, wie es stimmt, dass ich altmodisch, unsicher, nicht hinschauend, ungerecht und feig zu mir und zu ihr bin. Das ist meistens leicht gefunden, wenn man ehrlich zu sich selbst ist!

Die Frage Nummer 6 zeigt mir, ob ich diese Work „gemacht“ habe. Wenn ich sagen kann: ich freue mich darauf zu erleben, dass meine Mutter (oder jemand anderer) erlaubt, dass ich geschlagen werde, wenn ich mich darauf freuen kann, dass ich wieder die Schuld von jemandem zugesprochen bekomme für etwas, wofür ich nichts kann und wenn ich mich darauf freuen kann, dass jemand mich als „nicht normal“ bezeichnet, kann ich dieses Arbeitsblatt zur Seite legen und mich über dieser Arbeit ausruhen. So war es in dieser Zeit immer öfter!

Ich schrieb nach einer dieser Works einen langen Brief an meine Mutter, in dem ich ihr offen darlegte, was mir mit meinem Ex passiert war. Ich wollte ihr die Wohnung, die ich als vorzeitiges Erbe von ihr bekomme habe, zurückgeben, damit ich sie nicht bei einer Privatinsolvenz verlieren würde. Ich konnte diese Wohnung ohne ihre Zustimmung weder beleihen noch verkaufen und sah also keinen Sinn darin, sie zu behalten.

Meine Mutter reagierte ganz anders, als ich es erwartet hatte. Es kamen keine Sätze wie: „Ich wusste es doch, dass du auch das wieder verbockst! Hättest du auf mich gehört und deinen Job in München behalten! Wie konntest du nur so dumm sein und dich in diesen Mann verlieben?“ Stattdessen sagte sie, dass es ihr leid tue, was mir passiert sei, und fragte, wie sie mir helfen könne.

Ich reagierte wie meistens zuerst ablehnend, weil ich einfach mein Herz nicht offen lassen konnte ihr gegenüber: „Gar nicht, danke! Ich muss da selbst durch. Mit der Bank und mit dem Finanzamt reden und vielleicht Ratenzahlungen vereinbaren oder eben in die Insolvenz gehen.“

Nach einer Rücksprache mit meinem Bruder rief mich meine Mutter wieder an und sagte, dass sie über einiges nachgedacht hätte. Sie habe immer so viel Angst vor Krediten und Schulden gehabt, ihr Leben lang alles immer bar bezahlt, aber das sei *ihr* Leben. Meines wäre anders. Das würde sie jetzt erkennen. Sie zog alles, was sie an Rechten an dieser Wohnung hatte, zurück und ich konnte sie nun großzügig beleihen. Mit dem Geld konnte ich meine Kredite abdecken und die Forderungen des Finanzamts bezahlen. Auch konnte ich eine Zeitlang einfacher leben, mit etwas Geld auf dem Konto. Meine Mieter, die Wohnung war vermietet, bezahlten die Raten dieses Kredits. War das Universum nicht einfach wunderbar?

Was ist aber mit meiner Mutter passiert? Nimmt sie plötzlich Drogen oder wird sie dement? Wie kann sich ein Mensch plötzlich so ändern? Oder war sie schon immer so und ich konnte es nicht sehen? Ich rief meinen Bruder an und er sagte: „Weißt, Evi, das ist doch nur Geld. Hauptsache ist doch, dass es dir gut geht. Also mach das Beste draus und schau einfach, dass es dir nicht nochmal passiert.“

Wenn ich also bereit bin, mich sogar darauf FREUE, etwas wieder zu erleben, dann passiert es meist nicht mehr. Das ist meine Erfahrung aus den vielen „Works“ der letzten Jahre.

Ich durfte noch viele Mal erleben, wie Menschen sich um 180 Grad drehen, plötzlich so sind, wie ich sie mir gewünscht habe, „nur“ weil ICH meine Work gemacht und meinen Blickwinkel verändert habe. Man sieht einfach besser, ohne „Verzerrungsfilter“ im Kopf!

Man sieht klar. Man sieht mehr die Realität, wie sie ist. WOW! Ich war gerettet!

Wunder geschehen, die Welt verändert sich!

Solche „Wunder" sind mir, seit ich The Work von Byron Katie anwende, noch öfter passiert. Denn wenn ich mein Denken ändere, ändert sich meine Welt. Und ich durfte erkennen, dass meine Welt freundlich ist, meine Mitmenschen sehr wohlwollend sind und jeder einfach das macht, was er glaubt, tun zu müssen. Ohne meine Geschichte kann ich es sehen, erkennen, mein Leben nach mir ausrichten und nicht nach anderen. Ich darf heilen, meine Seele darf heilen.

Heil werden heißt, ganz zu werden. Ich kann meine Vergangenheit ändern, indem ich zum Beispiel meine Gedanken über meine Eltern und Lehrer, über meinen Partner und über Männer im Allgemeinen überprüfe und erkenne, dass niemals jemand etwas getan hat, das „falsch" war. Alles war zu meinem Besten und alles hat mich genau dorthin gebracht, wo ich heute sein soll, um zu lernen, was es zu lernen gibt: selbstständig zu werden, mein Leben zu leben, meine Talente und meine Fähigkeiten zu erkennen und nicht anderen hinterherzudackeln, sondern unabhängig sein, eigenständig sein, frei sein! Ein toller Weg tat sich auf! Ein wunderbarer Weg, den ich auch rasch anderen Menschen als Möglichkeit aufzeigen wollte. Und das tue ich bis heute mit großer Freude!

Pierre hat mich um mein Geld betrogen – ist das wahr?

Wie können wir aus den Umkehrungen, die wir finden, Erkenntnisse ziehen, die uns im Alltag weiterhelfen? Darauf möchte ich jetzt näher eingehen und kehre zurück zu Pierre, meinem allerbesten Lehrmeister.

Nicht er hat mich betrogen, sondern ich habe mich selbst betrogen.

Beispiele aus dieser Umkehrung:

- Ich hätte nach dem zweiten Date (als er plötzlich doch nicht zu mir nach München kommen konnte) erkennen können, dass etwas „nicht stimmt". Ich hätte sogar beim ersten Date ehrlich und mutig fragen können, warum er nur einen Drink nimmt und auf mein Bauchgefühl, „dass da was nicht stimmt", hören können. Meiner Intuition vertrauen! Warum habe ich meinen Verstand über meinen Bauch gestellt? Verrückt! Ich wollte es einfach glauben, was ich mir so sehr wünschte. Ein Betrug an mir selbst!
- Nach dem ersten (so gar nicht verrückten!) Gespräch mit seiner Ex hätte mir klar sein müssen, dass es sich in seinem Leben um Summen

dreht, mit denen ich sicherlich nicht klarkommen werde. All die Hinweise, die leeren Tanks, die unbezahlten Rechnungen, das ständige „Kannst du mir bitte nur noch einmal 50 Euro geben, sonst ist alles aus, es ist ganz wichtig und du wirst sehen, ich gebe dir alles zurück, glaube an mich, vertraue mir ..." hätten mich aufwecken können aus meinen Dornröschenschlaf. Es war aber nicht so!

Erst als er ging, als er mich „verlassen" hatte, konnte ich erkennen, dass ich mich verlassen hatte. Und zwar schon ein paar Jahre vorher und total.

Mein ehrliches, authentisches Beispiel, das ich in mir finden konnte, als ich diese Umkehrung betrachtete: Ich war nur mehr eine lebendige VISA-Karte, höher verschuldet als jemals zuvor in meinem Leben. Ich lebte ein Leben, das nicht meines war, verkaufte Versicherungen, um Geld zu verdienen, und lebte mit einem Mann, den ich dafür bezahlte, dass er mich liebte. Ich wollte mir seine Liebe kaufen! Welch ein unglaublicher Verrat und Betrug an mir selbst!

Wie schön, das endlich vor mir selbst zugeben zu können! Es macht frei – nachdem man tief geatmet, sich selbst liebevoll in den Arm genommen und dem Schmerz Raum gegeben hat.

Und die nächste große Erkenntnis folgte: Das habe ich immer schon so gemacht! Mein erster Freund war Alkoholiker und ich wollte ihn retten. Ein weiterer hatte ein sehr geringes Selbstbewusstsein und ich spielte Therapeutin für ihn. Als sein Selbstbewusstsein größer wurde, machte er mit mir Schluss. Ein Spielsüchtiger, ein Mama-Söhnchen, einer, der noch mit seinem ganzen Herzen an der Ex hing, die ihn verlassen hatte, und andere, die mich als so großzügig und stark empfunden haben, dass sie all ihre Probleme auf mir abluden, pflasterten diesen steinigen Weg, den ich „Liebe" nannte und von dem ich hoffte, dass er mich eines Tages glücklich machen würde, wenn nur endlich „der Richtige" käme.

Heute weiß ich, dass alle diese Männer die Richtigen waren und dass mir alle eines zeigten: Liebe kann man weder kaufen noch im Außen finden. Solange ich mich nicht selbst liebe, klappt auch nichts Gutes mit meinen Männerbeziehungen. Solange ich mich selbst nicht schätze und achte, wird es auch kein anderer tun. Und solange ich mich nicht annehme, so wie ich bin, werde ich immer wieder „einiges oben drauf legen", um geliebt zu werden.

Irgendwann in meiner Kindheit oder Jugend habe ich begonnen zu glauben, dass ich nichts wert bin. Ich habe überlegt, was ich auf mich „drauf legen kann“, quasi als „Zugabe“, als „Zuckerl oben drauf“, und wollte eine berühmte Sängerin werden, die liebevollste, tollste Frau, großzügig, schön und begehrenswert. Wie meine Ideale, die „Gräfin Mariza“ und die „Csárdasfürstin“ – meine damaligen Lieblingsoperetten von Franz Lehár. Ich lebte von klein auf in dieser Scheinwelt, in der nach einigen Turbulenzen alles gut wird, wenn ich nur ein wenig Geduld und Großzügigkeit an den Tag legen würde.

Heute weiß ich, dass es besser für mich ist, zu fragen:

Ich bin nichts wert – ist das wahr?

Ich bin nichts wert! – Wer hat mir das gesagt oder gezeigt? Und ist es deswegen wahr?

Weil mein Vater mich geschlagen hat, bin ich nichts wert. Ist das wahr?

Weil meine erste Liebe, Massimo, der hübsche Italiener aus dem Jugoslawien-Urlaub mich nach dem Urlaub nicht mehr wollte, bin ich keine attraktive und begehrenswerte Frau. Ist das wahr?

Weil meine Mutter mich kritisiert, bin ich nichts wert. Ist das wahr?

Weil meine Mitschüler mich abgelehnt haben, bin ich nichts wert. Kann ich wirklich wissen, dass das wahr ist?

Und: Meine Mitschüler haben mich abgelehnt. Ist das wahr?

Ich war Evi, die Lustige, die Phantasievolle, die „komische Alte“, wie meine Mutter oft sagte, ich war Eva, die Ersatzmama, Eva, die Gratis-Therapeutin, Eva, der Coach, Eva, die lebende VISA-Karte ... Ja, dafür wurde ich „geliebt“, aber niemals für Eva, die Eva. Wer bin ich eigentlich wirklich, fragte ich mich oft? Durch The Work erhalte ich mehr und mehr Antworten darauf und möchte deswegen die Technik erklären, die uns dabei unterstützt, zu erkennen, welchen Anteil wir an einem Geschehen haben, das uns triggert (etwas in uns auslöst, anstupst), das uns traurig macht, Wut und Ärger in uns aufkommen lässt oder uns in ein Gefühl großer Ent-täuschung stößt.

Wie funktioniert The Work von Byron Katie?

The Work ist ein Zwei-Phasen-Prozess, der uns erkennen lässt, welcher unser Anteil an den Dingen ist, die uns „passieren".

1. Phase: Ausfüllen des Arbeitsblattes
2. Phase: Untersuchung der Aussagen auf dem Arbeitsblatt mit den vier Fragen und den Umkehrungen

Meine Erfahrung ist: Wenn The Work nicht funktioniert, liegt das meist daran, dass vor allem die Phase 1 entweder nicht gemacht oder nicht präzise genug gemacht wurde.

Was heißt in diesem Fall präzise? Ich leite dich gerne durch ein Arbeitsblatt und erzähle, wie du The Work für dich machen kannst. Gerne kannst du auch mein Video auf YouTube anschauen, auf dem ich durch ein Arbeitsblatt führe.

Phase 1:

Gehe in eine ganz bestimmte Situation, in der du dich über eine andere Person geärgert hast, in der du genervt warst oder Wut, Hass, Verzweiflung, Frustration, Enttäuschung, Trauer oder Resignation über (wegen) diese(r) Person fühltest.

Setze dich hin und versuche diese Situation vor dein inneres Auge zu holen. Versetze dich mental noch einmal ganz in diese Situation hinein und spüre, höre, rieche, fühle und sieh, was dort geschehen ist. Schau ganz genau hin und sei quasi wieder in dieser Situation.

Dann beginne damit, die erste Frage zu beantworten, die auf dem Arbeitsblatt „Urteile über deinen Nächsten" steht. Das Arbeitsblatt kannst du dir auf der Seite www.thework.com/deutsch unter Ressourcen herunterladen.

1. Wer ärgert, frustriert dich oder macht dich traurig und warum?

Schreibe den Namen dieser Person in das zweite leere Feld. Dann spüre die Emotion(en) oder Gefühle, die du fühlst (Wut, Trauer, Angst, Verzweiflung, Ärger, Enttäuschung). Meditiere über diese Fragen: Was genau ist mein Problem in dieser Situation? Was genau belastet mich hier? Was konkret ist das Thema, das mich in dieser Situation leiden lässt?

Stelle dir eine Zielscheibe vor, in der Mitte ist ein schwarzer Punkt, und den gilt es jetzt zu treffen. Worum geht es wirklich? Warum bist du wütend, verärgert, enttäuscht oder verletzt? Und schreibe nicht über dich selbst, sondern über eine andere Person, denn beim Schminken schaust du auch in den Spiegel, um dein Gesicht zu sehen. Im Außen sehen wir besser, was richtig ist, als wenn wir uns selbst betrachten.

Wenn wir nun einen dieser Sätze haben, der das Thema im schwarzen Punkt in der Mitte der Zielscheibe trifft, schreiben wir ihn auf das Arbeitsblatt. Ein Beispiel, das ich gerne nehme, weil es sicher jeder nachvollziehen kann, ist:

Ich bin wütend und enttäuscht über meine Mutter, weil sie mich kritisiert. Anstatt von Mutter kann man Vater, Sabine, Karin, Peter, Richard nehmen...

Dann gehen wir weiter zu Punkt 2 auf dem Arbeitsblatt:

2. Wie will ich, dass sich diese Person in dieser Situation ändert?

In dieser Frage, darf mein trotziger, wütender, verletzter innerer Anteil sprechen. Er darf alles sagen, was er denkt und einfach den ganzen Schmerz rauslassen. Hier ist kein Verstand gefragt, keine spirituelle Lebensweisheit, keine gewaltfreie Kommunikation. Einfach ehrlich und offen sagen, wo es weh tut und was ich WILL! Mit dem Fuß aufstampfen, die Hände in die Hüften stemmen und schreien. Und dann schreiben wir alles auf, was aus uns raus will... kurze, einfach Sätze, die klar stellen, was ich in dieser Situation will.

Wir gehen weiter zu Punkt 3 auf dem Arbeitsblatt:

3. Was sollte diese Person tun?

Ich gebe dieser Person einen Ratschlag, einen Tipp, der realistisch ist und ihr helfen soll, diese Situation besser hinzubekommen, sodass die Situation besser für mich wird. Hier ist unser Eltern-Ich gefragt. Das Kind durfte sich in Frage zwei austoben und wütend sein. In der Antwort bei Punkt 3 redet das schlaue, wissende „Ich" in mir, das natürlich weiß, wo das Problem dieser Person liegt und was sie dagegen tun könnte. Ich lasse mir Zeit, um wirklich richtig gute Tipps zu finden: sinnvolle, nachvollziehbare Schritte zur Verhaltensänderung für diese Person in dieser Situation.

Bei Punkt 4 spüre ich tief in mich hinein:

4. Was brauchst du in dieser Situation von dieser Person, um glücklich zu sein?

Ich fühle, was unter der Wut und dem Ärger liegt, und verbinde mich mit meiner kindlichen Bedürftigkeit. Ich überlege auch, was denn Glück in dieser Situation für mich bedeuten würde.

In den „Works“ über meine Mutter durfte ich beispielsweise oft erkennen, dass ich glücklich sein würde, wenn ich mich meiner Mutter nah fühlen würde. Wenn ich überhaupt eine Mutter *hätte*, in dieser Situation ... eine liebevolle, warme, herzliche Mutter, die an mich glaubt und für mich da ist, egal, was ich tue! Durch meine Art mit ihr zu reden, konnte das natürlich selten wirklich so sein.

Also schreibe ich:

- Ich brauche von meiner Mutter, dass sie an mich glaubt.
- Ich brauche von meiner Mutter, dass sie mir vertraut.
- Ich brauche von meiner Mutter, dass sie mich unterstützt/fördert.
- Ich brauche von meiner Mutter, dass sie mir Mut macht.
- Ich brauche von meiner Mutter, dass sie sagt, dass sie mich liebt, auch wenn es „in die Hose gehen“ sollte.

Dieses „Rezept“ ist heute noch eines der Besten, das ich mir je gegeben habe, aber dazu später noch mehr.

Punkt 5 auf dem Arbeitsblatt ist für die meisten von uns recht einfach zu beantworten:

5. „Was denkst du in dieser Situation über diese Person?“

Ich stelle mir gerne vor, völlig unreflektiert zu sein, im Café zu sitzen und mit einer Freundin über diese Person zu lästern: Sie ist keine gute Mutter für mich, ängstlich, nicht für mich da, zu schnell und hart im Kritik üben, streng.

Das Arbeitsblatt schließt mit Punkt 6:

6. Was ist es in dieser Situation, das du nie wieder erleben willst?

Hier schreiben wir auf, wogegen wir am meisten im Widerstand sind, wogegen wir uns wehren, was uns am meisten Angst macht, wenn es wieder passieren würde: Ich will nie wieder derart hart kritisiert und heruntergemacht werden.

Phase 2:

Ich schreibe den zweiten Teil des ersten Satzes auf ein Blatt Papier. In meinem Beispiel „Ich bin verärgert über meine Mutter, weil sie mich kritisiert“ wäre das: Meine Mutter kritisiert mich.

Wir können für die Bearbeitung auch das Arbeitsblatt „Überprüfe eine Überzeugung“ nutzen, welches unter „Ressourcen“ auf der Website www.thework.com/deutsch für uns kostenfrei bereitsteht.

Die Fragen stehen auf diesem Blatt bereits drauf, wir müssen sie nur ehrlich beantworten und die Antworten rechts auf die Linien schreiben.

Wie gehe ich mit diesen vier Fragen von Byron Katie um?

Ich wähle zur Veranschaulichung dieses einfache Beispiel, das sicher viele von uns glauben: Meine Mutter (mein Vater, mein Partner, mein Chef) kritisiert mich.

(Die Situation, die ich betrachtet habe, als ich das Arbeitsblatt ausgefüllt habe, ist im Fokus meines Bewusstseins: ein Telefonat, in dem ich meiner Mutter erzählte, das ich mich selbstständig machen möchte und sie Zweifel geäußert hat, ob das in meiner damaligen Situation eine gute Idee sei).

1. Meine Mutter kritisiert mich. Ist das wahr?

Ich spüre in mich hinein und warte, ob ein Ja oder ein Nein in mir auftaucht. Die Frage soll die Antwort in meinem Körper treffen und nicht mit dem Verstand beantwortet werden.

Aus dem Verstand heraus würden wir bei Frage 1 sicher fast immer sofort JA sagen, sonst hätten wir den Satz ja so nicht auf das Arbeitsblatt geschrieben. Doch wenn wir die Frage langsam absinken lassen und spüren, was in unserem Körper und in unserem Geist passiert, kommen wir auf eine andere, tiefere Ebene. Ein trainiertes, flexibles Gehirn schickt manchmal sofort ein Bild oder eine Geschichte, die das „Kritisieren“ infrage stellt oder öffnet uns einfach für einen völlig anderen Blickwinkel. Und manchmal bleibt die Aussage für uns einfach erst mal wahr.

Wichtig ist: Es geht ausschließlich um ein Ja oder Nein. Es geht nicht um Erklärungen, Geschichten oder Rechtfertigungen.

In meinem Beispiel „Meine Mutter kritisiert mich“ finde ich ein Ja.

Dann gehen wir weiter zu Frage 2.

2. Kann ich mit absoluter Sicherheit wissen, dass das wahr ist: Meine Mutter kritisiert mich (in dieser Situation)?

Wieder soll diese Frage gehört werden und absinken, eine Meditation über diesen Gedanken beginnen. Ist der Gedanke wahr? Wirklich wahr? Stimmt es zu 100 Prozent? Kann ich wirklich sicher sein, dass es Kritik an mir ist? Dass es überhaupt Kritik ist, was sie sagt?

Wieder sind die Antwortmöglichkeiten: Ja oder Nein. Beide Antworten sind gleich gut. Es geht nicht darum, „spirituell" zu sein und nein zu sagen, weil man glaubt, ein Ja wäre „doof" oder „falsch" oder man könnte als unreflektiert rüberkommen. Ehrlich zu sein, ist die Voraussetzung für eine gute Work. In meinem Beispiel kommt ein: Nein! - und JA wäre genauso „richtig".

3. Wie reagiere ich, wenn ich diesen Gedanken glaube: Meine Mutter kritisiert mich?

Mit dieser Frage bin ich aufgefordert zu beobachten, was passiert – innerlich, äußerlich, an Verhalten und Gedanken, Gefühlen, Emotionen, Körperempfindungen, in Bezug auf meine Stimmung und die Konsequenzen daraus.

Es gibt einige Unterfragen, die wir bei Frage 3 zusätzlich stellen können:

a) Welche Gefühle/Emotionen tauchen in deinem Körper auf, wenn du diesen Gedanken glaubst? Wo fühlst du diese?

b) Bringt dieser Gedanke Frieden oder Stress in dein Leben?

c) Welche Bilder aus der Vergangenheit und über die Zukunft siehst du, wenn du den Gedanken glaubst?

d) Was bist du nicht in der Lage zu tun, wenn du diesen Gedanken glaubst?

e) Wie behandelst du diese und andere Personen, wenn du diesen Gedanken glaubst?

f) Wie behandelst du dich selbst, wenn du diesen Gedanken glaubst?

g) Welche Süchte/Zwänge beginnen sich zu manifestieren, wenn du diesen Gedanken glaubst (Alkohol, Kreditkarten, Essen, Fernbedienung, Sport (übertrieben), Arbeit, Sex, ...)?

h) Was befürchtest du würde geschehen, wenn du diesen Gedanken nicht glauben würdest? (Überprüfe die Liste mit deinen Befürchtungen später)

i) In wessen Angelegenheiten befindest du dich mental, wenn du diesen Gedanken glaubst? (Meine, die der Anderen, Gottes (= Universum, Realität, Kosmos))

Wenn ich glaube, dass meine Mutter mich kritisiert, bin ich traurig, genervt, wütend und verletzt. Ich spüre wie mein Magen sich verkrampft, wie sich mir die Kehle zuschnürt, mein Kopf wehtut, mein Nacken sich verspannt. Das ganze Gespräch ist belastend und ich fühle mich unwohl. Ich will nicht mehr mit meiner Mutter sprechen, kann nicht freundlich und offen zu ihr sein. Ich kann ihr nicht mal richtig zuhören. Ich schreie sie an, bin bockig, beschwere mich über das, was sie sagt. Ich bin total in ihren Angelegenheiten, denn ich will ihr vorschreiben, was sie zu sagen hat! Ich trenne mich von ihr, sehe mich schon an Weihnachten ohne sie. Ich tue mir leid, keine Mutter zu haben, die mir in dieser Situation Mut macht. Ich werfe mir vor, ihr diese Sache erzählt zu haben. Ich fühle mich verunsichert und ängstlich. Ich mache ihr und mir Vorwürfe und fühle mich stundenlang nach dem Telefonat schlecht. Ich jammere im Gespräch mit meiner Freundin und beschwere mich über meine Mutter. Ich beschließe, ihr nichts mehr von mir zu erzählen. Verschließe mich und mein Herz vor ihr. Versinke in Selbstmitleid und meiner Opferrolle.

Wann habe ich diesen Gedanken das erste Mal in meinem Leben geglaubt? „Meine Mutter kritisiert mich"

Ein Bild kommt hoch, wo ich vielleicht acht Jahre alt bin und ihr etwas erzähle, was meine Lehrerin gesagt hat. Ich war erbost über meine Lehrerin und habe ihr widersprochen. Meine Mutter sagte, dass ich lernen muss, höflich zu sein, auch wenn mir nicht gefällt, was der andere sagt, sonst würde ich „überall anecken". Ich fühlte mich damals unverstanden und allein gelassen von ihr.

Eine weitere Unterfrage, die ich liebe, lautet: Welchen Nutzen hat dieser Gedanke? Was bringt es mir, zu glauben: „Meine Mutter kritisiert mich"

Hey, ich kann super gut „arme Eva" bleiben, meine aggressive Art vor mir selbst und anderen rechtfertigen, denn bei „so einer Mutter" ist das ja kein Wunder? Ich kann über solche Erkenntnisse heute meistens herzlich lachen.

Dann gehe ich zu Frage 4:

4. Wer wäre ich ohne diesen Gedanken: „Meine Mutter kritisiert mich"

Hier stelle ich mir gerne mit geschlossenen Augen mich und meine Mutter vor und lasse den Gedanken langsam aus meinem Kopf abziehen. Wie eine Wolke, die die Sonne wieder freigibt, indem sie weiterzieht. Ich warte, was dann passiert. WER bleibt übrig, welcher Anteil von Eva, wenn dieser Gedanke nicht mehr präsent ist?

Ich kann mich selbst erleben, ohne diesen Gedanken: „meine Mutter kritisiert mich" – einfach ihr zuhörend, innehaltend, begreifend, freier, zufriedener, gelassener, in meinen Angelegenheiten, freundlich. Ich kann spüren, wie Ruhe eintritt, Sicherheit aus meinem Bauch durch den Körper strömt und ich mehr und mehr zu mir komme. Ich kann fühlen, dass ich gut bin, wie ich bin und dass es meine Entscheidung war, zu kündigen, einzig und allein meine Angelegenheit. Ich kann sehen, dass meine Mutter sich um mich sorgt und es gut mit mir meint. Ich kann auf ihre Worte eingehen und ihr erklären, warum und weshalb ich diese Entscheidung getroffen habe. Ich schaffe es sogar, ihr zu sagen, dass ich mir von ihr so sehr wünsche, dass sie hinter meinen Entscheidungen steht, wenn ich diesen Gedanken nicht glaube. Ein völlig neues Miteinander kann entstehen.

Nachdem ich alle vier Fragen beantwortet habe, kehre ich den Gedanken um und suche nach Beispielen, die für mich belegen, dass die Umkehrungen auch wahr sind. In den meisten Fällen gibt es drei Umkehrungen: die Umkehrung ins Gegenteil, die Umkehrung zur anderen Person und die Umkehrung zu mir selbst.

Der Ausgangssatz lautet: „Meine Mutter kritisiert mich"

Die Umkehrung ins Gegenteil wäre:

1. „Meine Mutter kritisiert mich <u>nicht</u>"

Es geht darum, in genau der Situation, die ich mir anfangs vor Augen geführt habe, echte, aufrichtige Beispiele zu finden, wie meine Mutter mich <u>nicht</u> kritisiert:

- Sie will mir helfen, sie will mich vor Schlechtem bewahren.
- Sie will einfach zu dem Thema ihre Meinung sagen.
- Sie geht natürlich von ihrer Wirklichkeit aus (geboren 1930, Kindheit im Krieg, Flucht, materielle und menschliche Verluste) und kann nicht sehen, dass ich eine andere Wahrnehmung und eine andere Vorstellung von beispielsweise „Sicherheit" habe.

Die Umkehrung zur anderen Person wäre:

2. „Ich kritisiere meine Mutter"

- Ich sage ihr, dass ich nicht will, dass sie so mit mir redet.
- Ich unterstelle ihr „Dummheit" und Nichtwissen und sehe nicht, dass sie vielleicht einfach Recht hat mit ihrer Aussage: mich selbstständig zu machen, ohne Sicherheiten, ohne feste Projektzusagen, ohne finanziellen Background, mit einem Ex-Freund wie Pierre, war diese Entscheidung wirklich extrem riskant und naiv, um nicht zu sagen bescheuert.
- Ich denke, sie sollte eine Therapie machen, diagnostiziere bei ihr eine Angststörung und erhebe mich wieder mal über meine Mutter.

Die Umkehrung zu mir selbst wäre:

3. „Ich kritisiere mich selbst"

- Ich verurteile mich, dass ich es ihr erzählt habe.
- Ich mag mich nicht, weil ich mich auf diese unfreundliche, verschlossene Art mit ihr unterhalte.
- Ich spüre, dass ich selbst noch nicht an mich glaube, und finde viele „Fehler" an mir, die ich stark bemängle und mache mir Vorwürfe.

Nachdem ich den ersten Satz des Arbeitsblattes untersucht habe, gehe ich auf dem Arbeitsblatt weiter und nehme mir die nächste Aussage vor. Ich arbeite mich also mit den vier Fragen (plus ggf. Unterfragen) durch die Aussagen zu den Punkten 2 bis 4 auf dem Arbeitsblatt und kehre sie danach zu mir selbst um.

Die Umkehrungen zu mir selbst sind gleichzeitig mein „Rezept zum Glücklichsein", wie Katie es gerne nennt. Eine einfache Anweisung, was ICH tun kann, um diese Situation (ein Gespräch mit meiner Mutter), liebevoll, offen und konstruktiv führen zu können:

- Ich will mir (und ihr) zuhören.
- Ich sollte mir (und ihr) Fragen stellen.
- Ich brauche es, an mich selbst (und an sie) zu glauben.

- Ich brauche es, dass ich mich selbst (und sie) unterstütze.

Genau an diesem Punkt setzen auch die sogenannten gelebten Umkehrungen („Living Turnarounds“) an: Alle Umkehrungen der Punkte 2 bis 4 des Arbeitsblattes auf mich selbst (ich will / ich sollte / ich brauche von mir selbst) weisen mir den Weg zu *meinem Glück*, zu meiner inneren und äußeren Freiheit. Denn ich kann beginnen, ab sofort mir selbst zuzuhören (oder es zumindest ernsthaft zu versuchen und zu üben, es zu tun). Wenn ich es mir selbst geben kann, kann ich es auch ihr geben. Nur wenn ich mich selbst respektiere und liebe, kann ich andere respektieren und lieben. Das klingt so einfach und ist doch oft so schwer umsetzbar. Ich dachte früher immer, wenn ich IHN liebe, dann werde ich auch geliebt. Heute weiß ich, dass ich mich selbst lieben muss, um von *ihm* geliebt zu werden und vor allem ihn oder sie wirklich lieben zu *können*.

Ich kann durch diese Überprüfungen selbst zu einem Beobachter werden, der beobachtet, wie Eva mit der Mutter spricht. Was genau sage ich eigentlich zu ihr und zu mir selbst? Bin ich selbst vielleicht unsicher? Ist meine Stimme zaghaft? All das kann ich erkennen, wenn ich den Gedanken umkehre. Und nun darf ich mir selbst geben, was ich damals in der bestimmten Situation von ihr gebraucht hätte oder noch immer glaube von ihr zu brauchen.

Ich gebe mir selbst, was ich von ihr gerne bekommen hätte!

Ich könnte zum Beispiel – egal, wie mein Vorhaben ausgeht – weiterhin an mich glauben und zu mir selbst sagen, so oft ich es brauche:

- Du bist OK, so wie du bist, Eva! (Am besten als Kärtchen auf den Badezimmerspiegel heften.)
- Du hast dein Bestes gegeben und mir auf die Schulter klopfen!
- Was genau möchtest du denn, Eva? Lass uns alles aufschreiben. Vielleicht finden wir einen guten Weg oder wir holen uns Hilfe.
- Ich bin für dich da, egal, was passiert.
- Ich freue mich, dass du so engagiert bist!
- Ich bin stolz auf dich!
- Ich liebe dich, so wie du bist.

Ich werde durch diese Works mehr und mehr zu meiner eigenen guten, liebevollen, unterstützenden Mutter. Ich nehme mich an, so wie ich bin, und liebe mich selbst – hier und jetzt, mit dieser Sache, die gerade passiert ist, mit dieser „Schwäche“, mit diesem „Fehler“ (der vielleicht gar keiner ist).

Das ist das Wunderbarste an The Work: Ich brauche nur ein Blatt Papier, einen Stift und die Fragen (die schnell im Gehirn abgespeichert sind). Ich werde nicht abhängig von einem Guru oder einem Therapeuten, brauche keinen Lehrer und noch nicht mal einen Coach – oder wenn, dann nur als Begleiter, der mir den geschützten Raum bietet, den ich brauche, um mich voll und ganz auf die Fragen einlassen zu können und mich zu öffnen. Vielleicht auch als Feedbackgeber, der mir sagt, wo ich noch hinschauen könnte, der mich durch meine Work-Prozesse begleitet und mich durch gezielte Fragen zu meiner eigenen Wahrheit führt.

Ein guter, geübter Begleiter wird mich nicht beeinflussen, mir keinen Rat-SCHLAG oder Tipp geben, sondern mich liebevoll meinen Weg gehen lassen, mir hier und da mit Fragen die mögliche Richtung zeigen, für mich da sein, wenn es schmerzlich wird und mir mit seiner Erfahrung weiterhelfen, wenn ich steckenbleibe.

Ein guter Begleiter ist schon dort, wo ich hinmöchte. Das ist heute meine Überzeugung. Und deswegen möchte ich überall hin, um eine gute Begleiterin zu sein. Ich möchte alle meine Schatten erkennen, sie aufarbeiten und heilen, um auch anderen Menschen diese Möglichkeit in optimaler Form bieten zu können.

Die Fragen von Byron Katie werden in der genannten Reihenfolge 1 bis 4 gestellt, mein Begleiter ist nicht Wissender als ich selbst und er führt mich gekonnt zu den Umkehrungen, die da lauten:

- ins Gegenteil
- zur anderen Person
- auf mich selbst zurück

Mit den Beispielen, die ich finde, wenn ich überlege, WIE diese Umkehrungen wahr sind, entdecke ich mich selbst.

Jeder Mensch hat das Wissen, das er braucht, um frei zu sein, bereits in sich. The Work zeigt uns den Weg dorthin und ein guter Begleiter begleitet uns liebevoll, nicht wertend, achtsam und unterstützend, wenn wir Unterstützung brauchen. Er gibt uns den Raum und die Zeit, die wir brauchen, in unsere Tiefe einzutauchen, um dort auf die Wahrheit zu treffen, die wir alle in uns tragen. Oft erlebe ich diesen Prozess als ein Eintauchen in die „Weltenseele“, wie Paulo Coelho es in seinem Buch der „Alchimist“ nennt.

Selbstständig werden, selbstständig sein

Am Anfang meiner Selbstständigkeit hier im Saarland habe ich gerne Vorträge gehalten zum Thema „The Work von Byron Katie: Selbstbewusst werden – sich seiner Selbst-bewusst-sein". Viele Zuhörer kamen nach den Vorträgen zu mir und fragten: Wie kann ich so schlagfertig sein wie du? Du weißt anscheinend immer, was du sagen sollst. Wie kann ich es schaffen, mutiger zu werden und endlich auch zu sagen, was ich meine? Wie krieg ich es hin, nicht schüchtern und kleinlaut zu werden, wenn Männer mich ansprechen oder mein Chef mich anbrüllt?

Früher – als Trainerin in München – waren auch schon „Selbstbewusstseinstrainings", „Schlagfertigkeitstrainings" und „Verkaufstrainings" mein Lieblingsbetätigungsfeld. Schnell konnte ich aber durch The Work erkennen, dass niemand ein „Training" braucht, ganz im Gegenteil. Ich habe erkannt, dass jeder in sich schon alles hat, was er braucht, um zur richtigen Zeit genau das Richtige zu sagen. Menschen verhalten sich nur deswegen nicht so, wie sie es „eigentlich" wollen, weil sie ihre Gedanken glauben! Gedanken, die sie davon abhalten, ehrlich und offen mit allen und allem zu sein.

Wenn ich glaube: „Er wird mich nicht mögen, wenn ich ihm die Wahrheit sage" – dann werde ich „nicht wissen, was ich sagen soll". Klar, wie auch? Wenn ich glaube: „Mädchen müssen freundlich sein" – dann werde ich doch kaum sagen: „Nein, für mich passt das jetzt nicht!"

Glaubenssätze wie diese bringen mich natürlich nicht dazu, ehrlich zu sagen, was ich gerade meine:

- Wenn ich nein sage, ist er/sie enttäuscht.
- Ich verliere seine/ihre Liebe, wenn ich ehrlich bin.
- Die Wahrheit zu sagen, ist unfreundlich.
- Die Wahrheit tut weh.
- Reden ist Silber, Schweigen ist Gold.
- Ich muss mich benehmen.
- Das gehört sich nicht.
- Man macht das nicht.
- Ein Mädchen tut so etwas nicht.

Was ist denn „SCHLAG–fertig“ eigentlich?

Die ersten 40 Jahre meines Lebens habe ich damit verbracht, mich zu schützen, mich zu positionieren und anderen Leuten klarzumachen, wer ich bin, damit sie meine Schwäche nicht sehen. Es hat nur bedingt funktioniert. Denn ein „Schlag“ wird auch meistens mit einem Schlag beantwortet. Ein Angriff mit einem Gegenangriff.

Ein bekannter Schlagfertigkeitstrainer nennt alle Sätze, die jemand zu uns sagt: „Angriff“.

Ein Mann an der Theke sagt: „Du hast ´ne tolle Haarfarbe.“ Dieser Satz wird beantwortet mit: „Oh, die gibt’s bei Douglas im zweiten Regal links unten.“

Er sagt: „Allein, schöne Frau?“ Und sie sagt: „Ja, und das gerne!“

Wie fühlst du dich, wenn du ein Kompliment – und das könnten diese Sätze doch auch sein? – mit solchen Antworten zurückSCHLÄGST?

Fühle in dich rein, wenn du möchtest, und spüre, ob sich ein freies Gefühl oder Stress einstellt, wenn du an so eine Szene denkst ...

Ich spüre Stress, wenn ich auf diese Art und Weise antworte. Es verbindet mich nicht mit meinem Gegenüber, sondern trennt mich. Es ist keine Antwort, die Liebe fließen lässt, es ist nichts, was ich mir von anderen Menschen und von mir selbst wünsche. Es bringt keine Kommunikation in Gang, sondern verhindert sie, bricht sie ab.

Jetzt denkst du vielleicht: Ich will ja diese Kommunikation gar nicht! Also ist es gut, wenn ich sie abbreche. Kurz und knapp! Vorbei! Damit das klar ist!

Natürlich ist es unsere Entscheidung, mit wem wir sprechen möchten und mit wem nicht. Aber muss diese „Ablehnung“, die Härte denn wirklich sein, mit der wir mitunter Menschen von uns fernhalten? Wie wäre meine ehrliche Antwort? „Danke, aber ich möchte jetzt nicht reden.“ Oder vielleicht einfach: „Danke.“

Woher kommt diese (alte) Art der Kommunikation?

Ich erinnere mich oft daran, wie meine Familie mich vor anderen Menschen „gewarnt“ hat. Dieser Mann sei brutal und der andere unehrlich. Einer zu laut und der andere einfach unmöglich. Die dicke Frau aus dem Laden um die Ecke schaut nicht gut auf sich und der Bäcker ist fast schon pleite, denn so könne man kein Geschäft führen. Die Nachbarin, ja, die ist wirklich überhaupt nicht in Ordnung. Sie hat viele Männer und trinkt und raucht. Und das in den

Siebzigerjahren. Auch eine gestresste Lehrerin in der Grundschule und Nachbarn taten das Übrige dazu. Ich erhielt ein Bild von unserer Welt, das schräg war. Oder schief. Einfach nicht die Wahrheit. Nicht gerade. Ein wenig ver-rückt eben.

Es machte mich unsicher. Ließ mich lange in dem Glauben, dass es wirklich Menschen gibt, die „weniger wert“ wären als „wir“ – meine Familie, die immer alles richtig machte oder sich zumindest sehr darum bemühte oder dass wir „weniger wert“ wären als andere Familien, die nach Italien in den Urlaub fuhren.

Meine Mutter war immer zu Hause, wenn wir Kinder aus der Schule kamen. Die Kinder von berufstätigen Müttern waren die „Schlüsselkinder“ und das war nichts Gutes. Auch müsse man „was Sicheres“ haben, nichts riskieren und lieber den Spatz in der Hand pflegen, als mit der Taube auf dem Dach liebäugeln. Das Leben ist eben kein Zuckerschlecken, das ist ein Fakt!

Hast du dir schon einmal Gedanken darüber gemacht, was du als Kind von deiner nächsten Umgebung über die Welt gelernt hast? Hast du schon mal nachgedacht, woher deine Überzeugungen, deine „Einstellung“ oder deine Ängste und Sorgen kommen? Welche Sätze sind in deiner Familie gesagt und als wahr angenommen worden? Diese Sätze nennt man Glaubenssätze. Sie sind wie einprogrammiert in unser Gehirn und wir denken, es ist die absolute Wahrheit, weil wir sie nie überprüft haben – ja nicht mal die Idee hatten, sie jemals zu überprüfen. Sie wurden als absolute Wahrheiten gehandelt.

- Das Leben ist schwer.
- Menschen sind unehrlich.
- Geld versaut die Freundschaft.
- Früher Vogel fängt den Wurm.
- Lieber der Spatz in der Hand als die Taube auf dem Dach.

Alle von uns lernen von klein auf eine Welt kennen, die die Welt unserer Eltern und Lehrer ist. Aber wer von uns hat sich gefragt: Ist es wahr, was die sagen? Wahr – ja, vielleicht! Wahr für unsere Eltern und Lehrer. Wahrgenommen aus ihrem Blickwinkel. Die Welt, die uns seit der Geburt und schon vorher von unseren Bezugspersonen vermittelt worden ist, kann freundlich oder kalt sein. Sie kann uns unterstützen oder behindern. Sie kann uns aufnehmen oder abstoßen. Je nach der Bewertung und dem Verhalten unserer Bezugspersonen. Mit der Wahrheit per se, hat das nicht viel zu tun.

Mir ist zum Beispiel oft vermittelt worden: Das tut man nicht! Man muss dies oder jenes … Man sollte auf keinen Fall … Man kann nur dies oder jenes tun, damit man dazugehört ... und gerade Zugehörigkeit ist für viele Menschen einer der höchsten Werte. Fast jeder Mensch will zu anderen Menschen dazugehören. Alles, nur nicht ausgestoßen sein! Dafür sind wir bereit, uns selbst zu verleugnen, uns zu verbiegen, zu verstellen und ein Leben zu leben, das nicht unseres ist, sondern das der anderen!

Mit diesem Dazugehören hatte meine Familie auch mich immer wieder „in die Falle gelockt" und ich verließ mich oft selbst, um mehr so zu sein, wie sie mich haben wollten. Doch meist war ich auch gerne das Gegenteil davon. Eine „Rebellin": aufsässig, frech, faul, provokant.

Ich bin aber weder die Angepasste noch die Rebellische! Beides sind Rollen, in die wir Menschen gehen, um besser mit unserer Umwelt klarzukommen. Die Wahrheit, wer wir wirklich sind, liegt meist irgendwo in der Mitte.

In meiner Kindheit hörte ich also tagtäglich viele Bewertungen über Menschen und über die Welt. Als Kind glaubt man diese Aussagen. Bis zu einem gewissen Alter, glauben wir unseren Bezugspersonen alles. Manche Menschen glauben sogar noch als Erwachsene alles, was sie von den Eltern, den Medien, der „Gesellschaft" hören. So wenige Menschen hinterfragen, was sie denken: Ist das wahr? Stimmt das, was ich glaube? Woher weiß ich, dass es wahr ist, was ich denke? Nur, weil es mir meine Mutter gesagt hat, weil es im Fernsehen erzählt wird oder in der Zeitung steht, ist es wahr? Ja?

Ich habe erst mit The Work gelernt, all diese Dinge, die mir von meinen Eltern, Lehrern und Kollegen erzählt worden sind, zu hinterfragen. So viele Gedanken habe ich ungeprüft übernommen und all die Jahre geglaubt. Ich war immer schon ein sehr direkter und ehrlicher Mensch. Wenn jemand fragte, ob mir das neue Kleid gefällt, sagte ich: Nein, es ist hässlich! Meine Mutter war jedes Mal total erschrocken und erbost und sagte tausendmal zu mir: „Evi, das tut man nicht! Man sagt nicht so direkt, was man denkt!"

Wer ist aber „man"? Die Gesellschaft … alle anderen … nur ich nicht? Ich tue es ja. Habe es gerade getan. Also kann ich dieses „man" wohl nicht sein. Ich fühle mich allein dadurch getrennt von den anderen Menschen und lerne, wie Thomas Harris es in seinem Buch „Ich bin OK, Du bist OK!" beschreibt, dass ich wohl „nicht OK" (nicht in Ordnung) bin, aber die anderen anscheinend schon. Nur die, die „anständig" sind, sind OK. Die, die nicht auffallen, sind OK. Diejenigen, die wohl alles „richtig" machen, sind OK.

Das war niemals meine Wahrheit und mit The Work lerne ich, auf dieses innere Gefühl zu hören, das ich gerne meine „innere Weisheit" nenne.

Wenn wir Platz schaffen für unsere innere Wahrheit, geben wir unserem echten, authentischen Sein eine Chance, sich zu zeigen und werden zu denen, die wir immer schon waren. Das bringt uns auch die Frage 4: wer wärst du, ohne diesen Gedanken?

Der Mann an der Theke

Wie könnte ich dieselbe Situation mit dem Mann an der Theke, der Kontakt mit mir will und meine Haarfarbe lobt, also anders erleben? Wie könnte ich auf eine andere Art und Weise antworten, damit ich mich selbst nicht aus dem Paradies vertreibe und auch den anderen nicht in eine traurige Geschichte stoße: „Die Eva war unfreundlich zu mir, sie will mit mir nichts zu tun haben?“

Ich könnte einfach keinen „Angriff“ in die Worte „deine Haarfarbe ist schön“ interpretieren, sondern es entweder rein sachlich oder sogar als Kompliment verstehen. Kein Gefühl des „nicht in Ordnung sein“ stellt sich ein und der andere darf so sein, wie er eben ist.

Ich könnte also eine andere „Ebene“ wählen, wie Friedemann Schulz von Thun es in seinem Buch „Miteinander Reden Teil 1“ beschreibt. Es lebt sich viel leichter, wenn wir nicht alles auf der Beziehungsebene verstehen, sondern auch die Sachebene und vor allem die Selbstoffenbarungsebene mit einbeziehen. Wir können mit einiger Übung schneller wahrnehmen, dass wir selbst uns auf der Beziehungsebene befinden, obwohl der andere den Satz vielleicht ganz sachlich oder gar als Selbstoffenbarung gemeint hat.

Wir können leichter erkennen, dass ein Appell vielleicht ein Zeichen von Kontrollverlust ist oder dass die Hilflosigkeit des Gegenübers sich in einem vermeintlichen „Angriff“ zeigt. Menschen, die schreien, wollen Hilfe!

Schon Epiktet, ein griechischer Philosoph, hat uns erklärt, dass „nicht die Dinge selbst den Menschen beunruhigen, sondern seine Meinung, seine Einstellung zu diesen Dingen“.

Unsere Bewertung eines Ereignisses bestimmt also den Stresslevel und nicht das Ereignis selbst, wie ich später noch am Beispiel einer Maus im Seminarraum erkläre.

Wenn ich einen Reiz als Bedrohung oder Verlust *bewerte*, leide ich. Ich fühle Angst, Trauer und Hass. Wenn ich ihn als neutral oder positiv bewerte, habe ich keinen Stress. Es passiert also nicht „draußen“, sondern allein in unserem Kopf! Nur hier wird unser Stress geboren.

Wie bewerte ich in diesem Beispiel „neutral“ oder beginne auf der Selbstoffenbarungsebene zu verstehen und selbst auch dort zu handeln?

Der Mann an der Theke sagt also, dass meine Haarfarbe schön ist. Ich nehme mir Zeit zu spüren, was dieser Satz in mir auslöst. Es freut mich vielleicht, allerdings weiß ich nicht, ob dieser Mann womöglich mehr möchte, als mir dies zu sagen. Ich spüre Unsicherheit und sage: „Das verunsichert mich jetzt im Moment, aber danke für das Kompliment." Vielleicht würde er sagen: „Oh, ich bin auch unsicher. Ich wusste nicht, wie ich dich ansprechen soll und mir ist nichts Besseres eingefallen, als deine Haarfarbe zu loben". Ein wunderschönes, verbindendes Gespräch könnte entstehen, zwei Menschen dürften sich ein wenig näher kennenlernen und vielleicht würde daraus eine Liebe entstehen, eine Beziehung, eine Freundschaft oder ein nettes Treffen bei einem Kaffee.

Vielleicht würde ich in der Situation (im Hier und Jetzt) aber auch erkennen, dass ich das Gespräch *nicht* weiterführen möchte. Dann könnte ich nach einiger Zeit freundlich sagen: „Danke für dieses Gespräch, aber ich möchte jetzt wieder alleine hier sitzen und nicht weiterreden." Oder ich bemerke, dass mir dieses Gespräch richtig gut tut und bleibe einfach noch mit ihm hier sitzen.

Tja! So einfach könnte es sein? Klingt ein wenig zu einfach, meinst du?

Vielleicht ist es tatsächlich so „einfach". Wir werden sehen. In dem Moment, in dem ich keinen negativen Gedanken mehr glaube, sondern ohne diese Gedanken in einer Situation bin, bin ich *ich* selbst und die Worte kommen wie automatisch aus meinem Mund. Ich muss nicht mehr nachdenken, was ich sage, muss nicht mehr in irgendwelchen Geschichten graben, damit ich weiß, was diese Situation mir jetzt sagen will, ich muss nicht „schlagfertig" sein, sondern kann immer mehr und mehr in der Situation – im Hier – bleiben und aus diesem Jetzt heraus reagieren. Es ist völlig stressfrei, so zu kommunizieren, und es bringt in den meisten Fällen das Gefühl, vom anderen anerkannt und wertgeschätzt zu werden. Auch den Respekt, den ich mittlerweile für so viele Menschen empfinden kann, mit denen ich früher keine zwei Minuten gesprochen hätte, kann ich als wunderbares, warmes und vor allem bereicherndes Gefühl beschreiben.

Wenn ich also glaube, dass er mich „anbaggern" will (ohne dass ich ihn dazu eingeladen habe) oder er vielleicht einfach „eine blöde Meldung machen will" oder mich auffordert, mit ihm Sex zu haben, stresst mich diese Situation und ich fühle mich unwohl und beklemmt. Ich weiß nicht genau, was ich sagen soll, weil ich mir keine Zeit nehme, in mich hinein zu fühlen. Schnelle Worte kommen aus meinem Mund, die den Zweck haben, rasch aus dieser Situation zu entkommen. Es trennt mich und macht mich nicht glücklich und zufrieden. Es bestärkt mich vielleicht sogar in dem Glauben, dass alle Männer ohnehin nur „das eine“ wollen oder dass es einfach heutzutage keine guten Männer mehr gibt.

Ohne den Gedanken, dass dieser Mann etwas „Ungehöriges“ von mir will, bin ich ruhig und gelassen und kann aus dem „OK-Gefühl“ uns beiden gegenüber, entspannt und freundlich antworten. Dieses Gespräch (und wenn es auch nur ein freundliches Danke ist), verbindet, macht ein gutes Gefühl im Bauch und im Brustraum und ich kann locker und frei entscheiden, ob ich jetzt mit diesem Mann reden möchte oder nicht.

Vielleicht würde diese Art von „Schlagfertigkeit“ viele Singles zu glücklichen Partnern machen? Vielleicht würde diese Kommunikation allen von uns Frieden und Liebe bringen? Vielleicht würde all der Stress von uns abfallen und wir könnten frei und leicht durchs Leben gehen, wenn wir dieses Wissen in uns verinnerlicht hätten?

Auf jeden Fall wäre unser Leben stressfreier und entspannter, wenn wir nicht immer überall Feinde sehen würden und alles als Angriff interpretieren würden, was vielleicht als gutgemeinte Worte, Feedback oder Vorschlag gedacht ist.

Auch der Umgang mit Kritik ist bei Byron Katie ein wichtiger Punkt. Wenn ich es schaffe, alles, was jemand zu mir sagt, als Feedback zu sehen und nichts mehr als „Kritik“ verstehe, dann kann ich angstfrei durch mein Leben gehen. Ich lerne DANKE zu sagen, wenn jemand etwas über mich sagt, das mich eventuell auf etwas aufmerksam macht, was ich nicht selbst sehe.

Ich verteidige mich nicht mehr, sondern suche in mir, wo die Aussage dieser Person richtig sein könnte. Es bringt mich natürlich weiter, wenn ich möglichst vieles finde, was andere Menschen mir als Feedback geben. Ob ich dann etwas daran ändere oder nicht, ist meine Angelegenheit und das erkenne ich, wenn ich The Work mache, recht schnell.

The Work von Byron Katie als Weg, ich selbst zu werden

Gute Kommunikation und freie Beziehungen sollen also „einfach“ zu leben sein?

Wenn wir im Hier und Jetzt bleiben können, einfach *sind*, ist es einfach! Der Weg, den wir durch unser Gedankenwirrwarr gehen müssen, ist allerdings „Arbeit“. Arbeit an mir selbst, um genau zu sein. Und das ist nicht immer einfach. Aber nach wenigen „Works“, oft schon nach der ersten, erkennen viele Menschen, dass dieses „Nicht-OK“-Gefühl immer weniger wird. Wir lernen Schritt für Schritt und Work für Work, uns selbst so anzunehmen, wie wir jetzt gerade sind. Und mit jedem kleinen Schritt in diese Richtung, wird auch die Welt „angenehmer“ und schöner. Wir lernen zu „lieben, was ist!“, wie es in Byron Katies Bestseller beschrieben ist.

Was bedeutet das für mich und Pierre? Als ich ihn immer wieder per Mail gebeten habe, mir mein Geld – gerne auch in kleinen Raten – zurückzubezahlen und er darauf nicht reagiert hat, habe ich eine Rechtsanwältin gebeten, meinen Fall zu übernehmen. Das Universum war wieder einmal besonders freundlich zu mir, denn ich durfte sie mit meiner Arbeit, damals Telefontrainings, bezahlen. Ich schulte also ihre Mitarbeiter in puncto Kundenorientierung und sie verklagte Pierre. Ich workte viel, denn ich wollte alles erkennen, was es noch in mir zu erkennen gab, auch um vor Gericht keine Aggressionen gegen ihn haben. Ich setzte mir das Ziel, freundlich und achtsam mit ihm umzugehen und natürlich auch mit mir selbst.

Achtsamkeit ist heute ein geflügeltes Wort und Jon Kabat Zin hat mit seinen Studien mehrfach bewiesen, dass ein achtsamer Umgang mit Alltagsgeschehnissen (Geschirrspüler ein- oder ausräumen, spazieren gehen, putzen ...) Menschen weniger depressiv macht. Seine Methode MBSR (Mindfulness Based Stress Reduction) – ein achtwöchiges Training – lehrt uns, achtsamer zu werden mit anderen und uns selbst. Wenn wir mehrfach am Tag innehalten, darauf achten, was wir gerade tun, Dinge *achtsam* tun und bei uns bleiben, können wir verhindern, dass negative Gedanken uns auf der Spirale abwärts ziehen. Wir steigen aus dem Gedankenkarussell aus, können wieder neutrale oder sogar positive Gedanken denken und zweigen ab vom Weg Richtung Depression. Auch diese Methode bestätigt genau wie The Work, dass Achtsamkeit und Meditation *Arbeit* sind. Ein mehrfaches Wiederholen ist notwendig, Übung und Training sind wichtig, um unserem Gehirn beizubringen, welche Gedanken es denken oder glauben soll.

Ich schrieb also wieder viele Arbeitsblätter über Pierre: dass er doch bitte einsehen solle, dass er mir das Geld schuldet, dass er vor Gericht die Wahrheit sagen und der Richterin ihre Arbeit leicht machen soll, dass er mir mein Geld zurückgeben soll, und vieles mehr. Ich schrieb auf, was ich will und denke von ihm zu brauchen und stellte die 4 Fragen. Danach kehrte ich alle Gedanken auf mich um und versuchte sie zu leben.

Die Gerichtsverhandlung verlief völlig stressfrei für mich. Meine Rechtsanwältin war im Gegensatz zu seiner sehr gut vorbereitet und nach wenigen Minuten war klar, wohin der Weg führt. Pierre hat sehr erregt und ablehnend auf mich gewirkt, während ich ruhig, freundlich und offen war.

Er sagte Sätze wie: „Die war ja total bescheuert, was die alles mit unserem Geld gemacht hat! Sie hat Aktien gekauft und so viel dabei verzockt. Die kann ja überhaupt nicht mit Geld umgehen."

Ich hörte zu und sagte dann: „Ja, da hat er Recht, Frau Richterin. So war das. Und trotzdem schuldet er mir Geld, denn das hat er unterschrieben. Und nur dieses Geld möchte ich zurück. Der Rest war meine Sache."

Seine Anwältin meinte: „Wie kann man nur so etwas Naives tun, Frau Nitschinger, sie wussten doch, wie Pierres finanzielle Lage war?"

Und ich antwortete freundlich und zugewandt: „Ja, Frau C., da haben Sie Recht. Das ist aus heutiger Sicht unverständlich für mich, wie ich so etwas Naives habe tun können. Aber damals hat es wohl Sinn für mich gemacht, sonst hätte ich es nicht getan. Ich habe ihn geliebt, oder glaubte das zumindest ganz fest."

Irgendwann hatte ich das Gefühl, dass die Dame mit so viel Offenheit nicht wirklich umgehen konnte, denn sie schien mehr und mehr verunsichert mir gegenüber und hat es uns leicht gemacht, diese Verhandlung zu gewinnen. Schnell war das Verfahren beendet und mir wurde zu 100 Prozent Recht gegeben.

Ich habe natürlich zum damaligen Zeitpunkt nicht erwartet, dass ich jemals auch nur einen Cent von diesem Geld wiedersehen würde, aber mithilfe meiner „Works" wusste ich einfach, dass genau dieser Weg meine Wahrheit ist. Und so ging ich ihn unbeirrt weiter.

Pierre erhielt kurz darauf eine Aufforderung das Geld zu überweisen. Er bot um Aufschub, um seine Privatinsolvenzphase in Ruhe abschließen zu können. Außerdem bot er mir für diese Verzögerung 5000 Euro an.

Ich hörte in mich rein, und sagte: Ja, in Ordnung.

Diese Überweisung kam, ich war wirklich sehr erstaunt, und sie kam genau richtig, denn ich wollte zur School für The Work – ein intensives 9-Tage-Programm, das Byron Katie regelmäßig anbietet. Im Juli jeden Jahres leitet Katie in Bad Neuenahr eine „Schule" für alle interessierten Menschen, die mehr über sich und ihr Leben erfahren wollen.

Dank Pierres Überweisung hatte ich genug Geld dafür und konnte die Teilnahmegebühr bezahlen. Angemeldet hatte ich mich schon länger dafür, denn irgendwie wusste ich wieder mal, dass das genau das Richtige für mich ist. Ich vertraute damals schon sehr auf das „freundliche Universum", wie Byron Katie es nennt. Mir selbst kam es auch wirklich immer freundlicher vor. Jedes Mal, wenn ich wirklich dringend etwas brauchte, war Geld da. Ich jammerte zwar damals auch noch oft wegen dieses Themas, aber ich erkannte mehr und mehr, dass das Geld immer genau dann kam, wenn ich es brauchte. Ansonsten hielt es sich oft dezent im Hintergrund, um es mal so zu nennen. Mein Job lief zwar recht gut, aber nicht so berauschend, dass ich hätte sagen können: Ich habe es geschafft. Viele Gedanken über mich selbst hinderten mich immer wieder, mich sicher und frei zu fühlen und einfach meinen Weg zu gehen.

Zu dieser Zeit begann ich, das Innere-Kinder-Retten von Gabriele Kahn und andere Traumatherapie- und Coachingmethoden, wie EFT, EMDR und Wingwave zu erlernen. Die Buchtipps und Links zu diesen Methoden finden meine Leser im Anhang.

Ich erkannte an mir selbst, dass Menschen oft deshalb in der Opferrolle verbleiben, weil sie dann keine Verantwortung für sich übernehmen müssen. „Es" wurde ja mit mir gemacht, ich hatte keine Wahl, war hilflos und machtlos. Solche „Opfer" in dem Glauben zu lassen, dass das die Wahrheit sei, was sie glauben, ist meiner Ansicht nach ein fataler Fehler, der heute in gängigen Therapien oft gemacht wird. Trotzdem fühlte ich nach einem schmerzlichen Erlebnis im Jahre 2010, dass The Work plötzlich „zu hart" für mich ist. Ich fühlte mich zeitweise unglücklich darüber, mit 43 Jahren nochmals „völlig von vorne" zu beginnen. Ich habe mir oft vorgeworfen, innen drin einfach falsch zu sein, wenn ich die Beispiele aus meinen Umkehrungen erkannte. Ich kritisierte mich immer wieder selbst – härter und strenger, als meine Mutter oder sonst jemand es je gemacht hatte.

In der Zeit nach der Gerichtsverhandlung ging ich mehr und mehr in mein eigenes Leben, doch ich fühlte mich oft sehr traurig und einsam, denn ich erkannte, dass ich allein es bin, die all die Dinge getan hat, die mir im Leben zugestoßen sind. Nur an mir lag es also, glücklich zu sein. Und irgendwie schien das nicht so einfach zu klappen. Andere Menschen lösten zwar fast gar keinen Stress mehr in mir aus, aber was war mit mir selbst? Wie konnte ich mich, so wie ich war, so wie ich bin, wirklich lieben und annehmen mit allem, was mich als Mensch und Frau ausmacht?

„Die volle Verantwortung zu übernehmen, ist für viele Menschen das Schwierigste im Leben, denn dann bemerken sie, welche Kräfte und welche unglaublichen Energien in ihnen stecken. Sie haben Angst vor sich selbst. Sie haben Angst vor ihrer Größe, nicht vor ihrer Schwäche." Dieses Zitat stand damals auf einem Kalenderblatt in meiner Küche.

Ich habe diese Sätze immer wieder gelesen und sie haben mich sehr beeindruckt. Habe ich wirklich so sehr Angst vor meiner eigenen Kraft? Würde ich noch einsamer sein, wenn ich zu 100 Prozent mich selbst leben und lieben würde? Wer könnte mit jemandem, der so ist wie ich, gut auskommen? Damals schien mir das nicht möglich zu sein und ich hatte einige „innere Kinder" zu retten, bevor ich mich endlich gut finden konnte, für das, was ich bin. Und ich rette bis heute gerne noch immer weitere Kinder, die sich zeigen.

Manchmal hatte ich das Gefühl, dass meine Klientinnen mehr Einsichten hatten und ihr Leben besser auf die Reihe bekamen als ich selbst. Auch haderte ich monatelang mit mir als Begleiterin für The Work. Ich empfand mich als zu hart, zu schnell, zu forsch. Irgendwie war ich einfach nicht zufrieden mit mir selbst, verglich mich mit einigen The-Work-Lehrcoaches, die meiner Meinung nach viel sanfter und liebevoller waren als ich. Auch hier schrieb ich Arbeitsblätter – positive: „Ich bewundere XY, weil er so liebevoll ist".

So kümmerte ich mich einige Monate intensiv um meine inneren Kinder, die sich mit Einsamkeit, Traurigkeit, Tränen und Verzweiflung zeigten. Ich war zwar stolz darauf, die Sache mit Pierre zu einem so guten Ende gebracht zu haben, und trotzdem lag nun ein Leben vor mir, das gelebt werden musste. Ich suhlte mich ab und zu in der Opferrolle, wenn ich mich am Telefon begleiten ließ. Eine zertifizierte Begleiterin aus Holland fragte mich, ob ich depressiv sei, denn dann würde sie nicht mehr weiterarbeiten mit mir. Ich erschrak und reduzierte mein Jammern. In dieser Zeit ging es wieder oft um Geldmangel bei mir. Ich konnte die Fülle, die ich hatte, einfach nicht sehen. Ängste, dass es im nächsten Monat knapp werden würde, dominierten meinen Alltag.

Nach dem Projekt in Frankfurt schlug ich wieder auf dem Boden der Realität auf, denn als Begleiterin für The Work und Therapeutin „nur" von selbst zahlenden Klienten hier im Saarland zu überleben, schien nicht so einfach zu sein.

Warum war ich immer wieder ein Opfer, während andere anscheinend durch The Work unvorstellbare, dauerhafte Freiheit erlangen?

Ich erlebte in der School von Byron Katie und in anderen Seminaren, dass missbrauchte und vergewaltigte Frauen nach einigen Works vollkommenen Frieden gefunden haben und haderte mit mir selbst, da ich nun nach drei Jahren The Work so sehr im Streit mit mir selbst war.

Eine meiner bewundernswertesten Klientinnen und Freundinnen sagte einmal zu mir: Ich kann jetzt meinen Vergewaltiger in mir selbst finden und habe mich mit ihm versöhnt. Auch sie schreibt gerade ein Buch und ich freue mich darauf, es zu lesen.

Sie hat diese Erkenntnisse mit mehreren „Works" innerhalb kürzester Zeit „geschafft" und ihr Leben hat sich komplett verändert, denn sie ist jetzt kein Opfer mehr. Eine Klientin von mir konnte sogar einen Anteil finden, der den Missbrauch wollte. Nur für ein paar Sekunden wollte sie es, sagte sie mir als Beispiel in einer Umkehrung. Sie erzählte, dass das Gefühl der Berührung an der Klitoris zuerst „einfach nur schön" war. Sie fand heraus, dass sie es damals als das intensivste Gefühl empfand, das sie jemals hatte. Als Kind kannte sie solche Gefühle nicht. Da ihre Eltern sich nicht besonders viel um sie gekümmert haben, war sie sehr bedürftig und sehnte sich nach Zuwendung und Kontakt. Dieser Mann gab ihr das.

Und das Erkennen dieses einen Anteils holte sie raus aus der Opferrolle. Sie übernimmt also mit dieser Erkenntnis die Verantwortung für diesen einen kurzen Augenblick. Mehr ist es nicht. Ein Augenblick reicht aus, um nicht mehr glauben zu müssen, 100 Prozent Opfer zu sein. 100 Prozent ausgeliefert und vergewaltigt worden zu sein. Es sind danach nur mehr 99 oder 98 Prozent „Missbrauch". Vielleicht auch noch weniger. Und irgendwann löst sich diese Geschichte vielleicht ganz auf...

So funktioniert The Work: Dieses eine Prozent, das <u>mein</u> Anteil an dem Geschehen ist, wahrzunehmen, bringt mich in meine Kraft!

Und um es ganz klar zu sagen: Dabei geht es nicht um Schuld! Es geht um Klarheit: „Ich bin beteiligt. Aktiv. Ich wollte es. Eine Sekunde lang. Dann wollte er es weiter und ich konnte nicht mehr nein sagen. Es war zu spät, um aufzuhören."

Heute kann ich nein sagen, wenn ich nicht mehr will und beim Nein bleiben. Das – mein eines Prozent – zu sehen und Klarheit in meine Beziehungen zu bringen, ist für mich der Schlüssel zum Erwachsensein. Alles andere belässt mich in der Opferrolle und dann kann ich wieder und wieder nicht nein sagen, kann wieder und wieder Dinge, die mich schwächen, weder beenden noch mich daraus befreien.

Mein Ziel in diesen Jahren war, mich irgendwann selbst voll und ganz für das, was ich bin, und das, was ich immer schon war, zu lieben. Ich wollte mein Leben nicht als Depressive leben, nur weil ich mich wegen Geld und Männern immer wieder falsch, inkompetent und unsicher fühlte. Ich wollte mich annehmen mit all meinen Unsicherheiten und Minderwertigkeitsgefühlen und mich dafür lieben, dass ich stolz und stark bin, mutig und offen, kreativ und spontan. Irgendwann werde ich ganz sein, darauf freute ich mich schon damals. Manchmal half mir das Universum mit einem Erlebnis wie dem Folgenden, gut über den Tag zu kommen, manchmal musste ich hart dran arbeiten, im Hier und Jetzt zu bleiben und mich nicht in meine Existenzängste fallen zu lassen.

Das Universum zeigt uns den Weg

Einige Projekte, die mir sicheres Geld bringen sollten, sind unerwartet abgesagt worden. Ich bin wieder einmal mit meinen Existenzängsten konfrontiert worden, von denen ich dachte, sie hätten sich aus meinem Leben verabschiedet. Ich habe stressvolle Gedanken niedergeschrieben und sie überprüft. Ich habe erfahrene zertifizierte Begleiter für The Work angerufen und habe mich durch die vier Fragen führen lassen. In diesen Tagen erkannte ich wieder einmal, dass es nicht schlimm ist, was derzeit passiert, sondern das Universum (oder Gott oder was auch immer) mir die Möglichkeit gibt, über meine derzeitige Wirklichkeit hinauszuwachsen. Ich war dankbar und bin frohen Mutes am Tag darauf in meine Praxis gefahren. Nach einem erfahrungsreichen Termin mit einer neuen Klientin wollte ich wieder nach Hause fahren. Auf dem Weg zu meinen Wohnort kam plötzlich ein Mann aus dem Wald und als ich vorbeifuhr, hob er seinen Daumen. Ohne zu überlegen bremste ich und fuhr rechts ran. Etwas in mir bremste. Der Anteil in mir, der noch immer Sätze aus der Kindheit nachspricht („Pass auf, du kennst ihn nicht, er könnte dir etwas antun"), war im Gegensatz zu früher fast nicht mehr zu hören.

Der Mann war sehr sympathisch und fragte, ob ich ihn nach Saarbrücken mitnehmen könnte. Ich wollte zwar nicht nach Saarbrücken fahren, aber irgendetwas in mir sagte, dass ich das tun sollte.

Auf meine Frage, wohin er denn will, sagte er, dass er unterwegs nach Südfrankreich sei. Er habe alles verkauft, was er besessen hatte und ist schon seit vier Wochen ohne einen Euro unterwegs. Sein Plan sei es, ein Jahr ohne Geld zu überleben. Und er wüsste bereits heute, dass das klappen würde.

Er schläft seit vier Wochen im Wald, fährt per Anhalter immer wieder weiter in Richtung Süden und zu essen gebe es in unseren Wäldern genug, wenn man sich vorher weitergebildet hat, erzählt er. An Wasser würde es auch nicht mangeln. Strom für den Akku seines Handys bekomme er von freundlichen Menschen, die er einfach darum bittet. Er habe gelernt, Menschen um etwas zu bitten und kann mit einem „Nein!" unterdessen sehr gut umgehen. Die meisten Menschen wären aber sehr freundlich, erzählt er, und so wie ich, würden sie sich sogar für seine Geschichte interessieren.

Das Universum hat mir diesen Mann geschickt!

Ich redete zwei Stunden bei einem Radler im Biergarten mit ihm über seine Erlebnisse und seine Pläne und fuhr dann wie auf Wolke 7 nach Hause.

Meine Wohnung erkannte ich als puren Luxus. Ich habe ein Bett. Weich und warm. Trocken! Und einen Kühlschrank, in dem was richtig Leckeres drin ist. Und ich kann trinken, wann immer ich will. Sauberes, klares Wasser. Ich muss nur den Hahn aufdrehen und ein Glas drunter halten. Wie einfach Leben ist! Wie perfekt es ist! Ich habe alles, was ich brauche. Alles und viel mehr, fällt mir auf. Ich habe einen Schrank voller Kleidungsstücke für alle Jahreszeiten. Und mehrere Paar Schuhe, eine Menge Geschirr und einen Laptop. Sogar einen Fernseher, den ich aber in letzter Zeit immer weniger nutze.

Am meisten Freude machte mir an diesem Tag meine Badewanne. Ich ließ das warme Wasser in die Wanne laufen und gab ein paar Tropfen Öl ins Wasser. Mit einem Glas Wein lag ich nun im warmen Wasser und hörte Musik von Richard Wagner. Es war ein perfekter Tag. Ich genoss meinen Reichtum (puh, dieses Wort fühlt sich gerade so wahr an und hat mit meinem Kontostand nichts zu tun) und ich war so dankbar für dieses Erlebnis. Dieser Mann hat mich wieder in die Realität zurückgebracht und mir gezeigt, welche Luxusprobleme die meisten von uns hier in Deutschland haben. Wenn wir sagen, wir haben kein Geld, sind meistens noch ein paar Euro in der Geldtasche, die Miete ist bezahlt, der Tank ist voll und wir haben alles, was wir brauchen. Nur ein Gedanke wie „Nächste Woche könnte es …“ oder „In einigen Monaten muss ich … bezahlen“ oder „Noch schöner wäre es, wenn ein Mann hier bei mir wäre“ kann mich aus diesem Paradies, aus dieser Vollkommenheit vertreiben. Und sobald ich erkenne, dass dies nur ein Gedanke ist, bin ich frei. Frei, hier in meiner Badewanne zu liegen, entspannt und glücklich mein Glas Wein zu trinken und Musik zu hören. Ein perfekter Moment.

Und was gibt es außer diesem perfekten Moment? Nur weitere Momente. Immer im Hier und Jetzt. Gestern und morgen sind Illusion. Es gibt nur das Heute und das Jetzt. Und beides fühlt sich wunderbar an, wenn ich ohne meine belastenden Gedanken über Vergangenes oder über die Zukunft bin.

Solche Erlebnisse passieren, wenn wir offen für das Leben sind, offen für die Geschenke, die das Universum uns gibt.

Etwas „schlägt“ in mein Leben und macht mich mehr und mehr „schlagfertig“, „fitter“ fürs Leben! Es erhöht meine Fertigkeiten, mit dem Leben umzugehen. Es bringt mich weiter, macht mich stressfreier, ruhiger, gelassener und freier. Und es macht mich glücklicher, das Gefühl zu haben, ich kann mich dem Leben und allen Menschen stellen, ja mehr noch, ich bin eins mit dem Leben und eins mit allen Menschen. Diese Gedanken verbinden, sie trennen nicht. Sie trennen mich nicht von den Menschen und vor allem trennen sie mich nicht von mir selbst! Eine andere Interpretation von schlagfertig, die mir besser gefällt.

Wie wir unser Inneres nach außen projizieren, möchte ich in dem nächsten Beispiel, diesmal ein Beispiel aus meiner Praxis, zeigen. Wenn wir im Inneren nicht sicher sind, gibt es auch im Außen keine Sicherheit.

Annemarie und ihre Nachbarin Elke

Annemarie kommt zu einem meiner Seminare mit The Work von Byron Katie und möchte auch gleich als erste an die Reihe kommen. Sie ist total verärgert über ihre Nachbarin Elke, von der sie erst heute wieder „beobachtet wurde", als sie das Haus verlassen hat. Das Arbeitsblatt, das am Anfang des Seminars ausgeteilt wurde, füllt Annemarie schnell und mit Eifer aus.

Sie schreibt, dass sie sich über Elke ärgert, denn Elke beobachte sie immer, wenn sie aus dem Haus geht und auch wenn sie wieder heim kommt. Elke füttert Annemaries Katze mit Dingen, die Annemarie ihrer Katze nicht zu fressen geben will. Elke stöbert sogar im Müll von Annemarie rum. Elke sollte sich endlich um ihre eigenen Angelegenheiten kümmern und Annemarie einfach in Ruhe lassen. Annemarie braucht von Elke, dass sie auszieht und damit dieses Haus frei von „rauchenden, fetten Menschen" (Zitat Annemarie) wäre. Außerdem wäre Elke ein „Asi" und würde das ganze Haus mit dem Gestank ihres Essens füllen. Elke sollte sich um ihre Beziehung kümmern, denn Elkes Ehemann würde viel zu viel trinken und würde auch andere „zum Saufen anstiften".

Gute Arbeit, Annemarie, sagte ich. Ein ehrlich ausgefülltes Arbeitsblatt ist der erste Weg zur Selbsterkenntnis. Annemarie war bereit, von dieser „unmöglichen Person" befreit zu werden und wusste zu dem Zeitpunkt noch nicht, dass sie selbst diese „unmögliche Person" ist.

Die anderen Teilnehmer, die teilweise schon The Work kannten, staunten über die Schimpfworte, die aus dem Mund dieser zierlichen Person kamen und waren entsetzt über die harten Worte auf Annemaries Arbeitsblatt, denn wie könnte die dicke, ungepflegte, rauchende, arbeitslose Elke ein „Spiegel" der gepflegten, freundlichen und fleißigen Annemarie sein? Und darum ginge es doch bei The Work, oder?

Ich bat Annemarie, den ersten Satz nochmals vorzulesen und stellte ihr danach die vier Fragen.

Ist es wahr, dass Elke dich beobachtet, Annemarie?

Annemarie antwortet mit einem deutlichen und lachenden „Ja“! Sie ist sich absolut sicher, dass Elke sie beobachtet, denn sehr oft stehe Elke am Fenster, wenn Annemarie nach Hause kommt. Manchmal ist Elke auch „zufällig“ im Flur, wenn Annemarie zur Arbeit fährt, und will ihr dann noch ein Gespräch „aufdrücken“, obwohl sie doch wissen müsse, dass andere Leute keine Zeit für solche Gespräche hätten.

Ich bitte Annemarie, diese „beweisführenden Gespräche“ zu unterlassen und einfach mit einem Ja oder einem Nein zu antworten. Sie sagt: Ja!

Kannst du, Annemarie, also wirklich *absolut* sicher sein, dass Elke dich beobachtet?

Annemarie wird ruhiger und ich bemerke eine Unsicherheit in ihr. Sie sagt, nein, das könne sie nicht zu 100 Prozent sicher wissen. Aber zu 99,9 Prozent, schiebt sie lachend hinterher.

Ich frage, wie sie reagiert, wenn sie diesen Gedanken glaubt.

Annemarie erzählt, dass sie mit Ablehnung und Wut reagiert und dass sie sich beengt und nicht zu Hause fühlt. In Gedanken würde sie Elke „blöde Kuh“ und „fettes Monster“ nennen und ihr Wunsch wäre es, dass Elke einfach aus ihrem Leben verschwindet.

Wann hast du diesen Gedanken – Elke (oder jemand anderer) beobachtet dich – das erste Mal geglaubt, frage ich.

Die Antwort erstaunt auch Annemarie selbst, denn sie erkennt, dass sie sich schon in frühester Kindheit nicht zu Hause gefühlt hat, denn ihr Stiefvater hat sie nicht leiden können und ist ihrer Mutter wochenlang in den Ohren gelegen, Annemarie doch endlich in ein Internat zu schicken, was diese dann auch getan hat.

Sie weint ein wenig als sie nochmals diesen tiefen Schmerz fühlt, den sie als Kind gefühlt hat, als sie kurz nach der Scheidung ihrer Eltern erfahren hat, dass sie in ein Internat soll, damit ihre Mutter mit dem neuem Freund ungestört die Beziehung leben kann.

Nach einigen weiteren Unterfragen ist Annemarie still und schaut mich groß an. Das alles spiegelt ihr diese Elke? Dieses tiefe, uralte Gefühl des „Nicht-zu-Hause-Seins“ wird ihr von Elke gezeigt? Das kann doch nicht sein?!

Die Frage 4, wer Annemarie ohne den Gedanken wäre, dass Elke sie beobachte, kann sie nach einiger Zeit der Stille und des Nachsinnens gut beantworten. Dann wäre sie freier und entspannter und würde vielleicht Elke nicht so sehr als Feindin sehen. Sie würde vielleicht sogar gute Seiten an Elke erkennen, würde eine unglückliche und unzufriedene Frau sehen, die versucht, Kontakt zu ihrer Nachbarin zu bekommen.

Ein erstauntes Raunen geht durch den Raum. Soll das heißen, dass Elke gar nicht das Problem ist? Aber sie ist doch ein „Asi“ und wer will so jemanden schon als Nachbarn?

Wir kehren den Gedanken um: „Elke beobachtet Annemarie nicht.“ Wie könnte dieser Satz auch wahr sein?

Annemarie denkt nach und sagt dann: „Elke steht sehr oft am Fenster, weil ihr vielleicht langweilig ist. Vielleicht hat es gar nichts mit mir zu tun.“

Elke könnte auch einsam sein. Annemarie erinnert sich plötzlich, dass Elke gleich nach Annemaries Einzug in dieses Haus mehrfach versucht hat, Annemarie zu einem gemeinsamen Abend zu überreden, was Annemarie aber jedes Mal mit einem Vorwand abgelehnt hat. Vielleicht ist Elke einfach froh, dass sie Annemarie sieht, in der Hoffnung, vielleicht doch ein zwei Sätze mit ihr sprechen zu können.

Das sei tatsächlich so, erinnert Annemarie sich jetzt. Elke hat immer wieder Dinge zu ihr gesagt, die wohl in ein Gespräch hätten münden sollen: „Deine Katze war heute auf der Straße. Sie ist aber so schlau, dass sie wegläuft, bevor ein Auto kommt.“

Oder sie fragte Annemarie einmal, ob das neue Waschmittel gut sei, denn es wäre ja im Angebot. Sie hätte den leeren Behälter im Müll gesehen und sich überlegt, es auch zu kaufen, wenn Annemarie zufrieden damit sei. Das Hartz IV-Geld wäre ja viel zu wenig, um teure Waschmittel kaufen zu können.

Annemarie erinnert sich nun auch an viele Begegnungen, in denen Elke Kontakt gesucht hat und gefragt hat, ob sie denn die Katze auf ihren Balkon holen dürfe, denn sie hätte Katzenallergie und in der Wohnung dürfte sie deswegen keine Katze haben. Sie liebe Katzen aber so sehr.

Annemarie liebt Katzen auch so sehr und konnte erstmalig eine Gemeinsamkeit mit Elke feststellen.

Sie suchte nun eifrig nach noch mehr Beispielen, weil sie erkannte, dass jedes Beispiel sie lockerer und freier machte.

Für die zweite Umkehrung: „Ich beobachte Elke", fand sie nach einem kurzen, beschämten Blick nach unten, auch einige Beispiele. Auch sie, Annemarie, werfe einen Blick in die Wohnung, wenn Elke die Türe mal offen stehen lässt. Man müsse doch wissen, was „die" so treibt.

Annemarie erkennt immer mehr, dass sie Elke gar nicht so unähnlich ist und dass beide wohl einsame und unsichere Menschen sind.

Auch die dritte Umkehrung: „Ich beobachte mich selbst" kann Annemarie gut finden. Ja, sie beobachte sich oft selbst. Wie sie aussieht, wie sie spricht, wie sie in der Firma auf andere wirkt, wie sie sich verhält, wenn sie ein Date mit einem Mann hat. Sie beobachtet sich im Umgang mit Elke, sie erlaubt sich nicht, einfach ehrlich zu Elke zu sein!

Wir arbeiten weiter. Mit jedem Satz, den sie auf das Arbeitsblatt geschrieben hat, erkennt Annemarie mehr und mehr, dass sie diejenige ist, die Elke „vertreiben" möchte und dass sie selbst schlecht über Elke redet und denkt. Ihre eigenen Beschimpfungen, die sie im Geiste immer wieder Elke gegenüber ausspricht, nennt sie nun „ziemlich Asi".

Sie, Annemarie, hat jegliche Versuche von Elke, in guten Kontakt zu kommen, ausgeschlagen. Einmal hat sie sogar Elke die Türe vor der Nase zugeschlagen, als diese mit einer Flasche Wein da stand, um ihre neue Nachbarin willkommen zu heißen.

Viele der anwesenden Personen, die The Work noch nicht kannten, starrten auf ihr eigenes Arbeitsblatt und murmelten: Mein Gott, das bin ich selbst? Das kann doch nicht sein. Einige erröteten, andere lachten. Die meisten verstanden, worum es bei The Work geht.

Annemarie konnte einige gute Beispiele finden (aus den Umkehrungen des ursprünglichen Satzes), wie sie nun das Verhältnis zu Elke verbessern kann, damit sie sich selbst in diesem Haus wohler fühlt und nicht das Gefühl hat, unerwünscht zu sein.

Sie erkannte auch, dass die Katze weniger allein wäre, wenn sie Elke als Katzensitter anerkennen würde. Sie könnte öfter am Wochenende wegfahren und sicher sein, dass die Katze bestens versorgt wird. Sie erkannte, dass es ein großer Vorteil ist, wenn jemand öfter aus dem Fenster sieht, denn ihr Auto sei dann sicherer. Diebe würden sich nicht so einfach an ihre Dinge heranwagen, was in dieser Gegend in letzter Zeit öfter passiert sei. Sie wäre also sicherer, weil Elke fast immer zu Hause ist und gerne aus dem Fenster schaut. Eine große Erkenntnis!

Annemarie erkennt weiter, dass sie selbst ab sofort freundlich grüßen und ein, zwei Sätze mit Elke reden könnte, wenn sie nach der Arbeit nach Hause kommt. Vielleicht würde sie sich dann selbst auch weniger allein fühlen. Sie würde sich „willkommen" fühlen, denn Elke sei sehr freundlich zu ihr, erkennt Annemarie plötzlich.

Annemarie möchte sich auch bei Elke entschuldigen, weil sie ihre Angebote, sich bei einer Flasche Wein kennenzulernen, ausgeschlagen hat. Sie würde gleich morgen fragen, ob Elke dieses Gespräch nachholen möchte, sagt sie. Sie könnte Elke bitten, dass sie nicht im Flur raucht und könnte Elke fragen, ob sie die Katze manchmal füttern möchte, denn das würde Annemarie sogar Geld sparen. Sie könnte ihr auch die Marke nennen, mit der sie die Katze füttert, dann würde sich selbst dieses Problem auflösen.

Elke freut sich sicher darüber, denn dann hätten sie beide eine Katze und die Katze könnte entscheiden, ob sie auf Elkes Balkon oder bei Annemarie sein möchte. Das würde Annemarie freier machen, sie könnte öfter mal nach der Arbeit ausgehen, ohne ein schlechtes Gewissen wegen der Katze zu haben.

Annemarie ist übrigens nach einigen weiteren Monaten ausgezogen. Mit einem friedlichen Gefühl hat sie eine neue Wohnung gesucht, in einer Gegend, die ihr besser gefällt – mit Garten für die Katze. Mit The Work „muss" man nichts. Man hat Wahlmöglichkeiten. Und genau das macht stressfrei.

Die Geschichte über die Maus

In Seminaren erzähle ich gerne die Geschichte, die ich mir über eine Maus einfallen lassen habe. Sie zeigt, wie wenig „Wahrheit" es in unseren Gedanken gibt.

Stellt euch bitte vor, eine Maus liefe jetzt plötzlich hier herum. Ein kleines graues Tier mit einem Schwanz hinten dran.

Wie reagieren wir?

Jemand, der hier ist, um etwas zu lernen, würde sich vielleicht von dem Tier gestört fühlen und würde sich wünschen, dass jemand diesen „Störenfried" beseitigt.

Eine andere Person würde einen mitleidigen Laut hervorbringen und sagen: „Oh, die arme Maus. Die hat sicher Angst vor uns. Sie hat sich verirrt. Was sollen wir machen? Helft mir bitte, die Maus in den Garten zu bringen. Passt auf, dass ihr nichts passiert."

Wieder eine andere Person würde über dieselbe Maus sagen: „Igitt, pfui, schrecklich! Werft sie raus – schnell! Wo ist ein Besen? Fasst sie nicht an, sie könnte etwas Ekelhaftes gefressen haben. Oh, wie widerlich!"

Und wieder jemand anderes würde schreiend auf den Tisch springen und in Panik verfallen. Eine Person würde vielleicht über die Maus lachen und eine Hobbyfotografin würde ein Foto machen wollen, wie die Maus versucht, in eine Tasche zu klettern.

Es ist immer nur diese *eine Maus*! Und wie viele Geschichten machen wir Menschen über diese eine Maus?

Ich denke, man könnte hier zwei Seiten mit Beispielen füllen, wie Menschen auf die Maus reagieren könnten. Also: Wer ist das Problem, sofern es eines gibt – die Maus oder wir? Beziehungsweise unsere Gedanken?

Ja, es sind nur unsere Gedanken über „Mäuse", die uns stressen und niemals die Maus selbst! Die Maus ist unschuldig und wir auch.

Und wenn es mit der Maus so ist, dann ist es womöglich grundsätzlich so, dass es immer unsere Gedanken sind, die uns Stress bereiten, oder?

Nicht nur Epiktet, den ich schon erwähnte, sondern auch spirituelle Lehrer wie Eckhart Tolle, Mooji und Byron Katie sagen klar: Ja!

„Alles was wir sind, sind Gedanken“ ist ein bekannter Spruch von Buddha. Und auch die Neurowissenschaften beweisen: Es sind einzig allein unsere Gedanken, unsere Bewertungen, unsere Meinungen, unsere Glaubenssätze über die Welt, die uns Probleme machen. Die Chemie in unserem Gehirn, die Botschaften der Neuronen bringen uns Erregung, Angst, Trauer, Neid, Ekel, Freude und auch Liebe. Alles, was wir fühlen, sind chemische Prozesse.

Mit einem stressvollen Gedanken über Mäuse (sie sind ekelig, sie sind unrein, sie tragen Bakterien mit sich herum, sie könnten mich beißen und infizieren, sie sind unkontrollierbar, sie machen mir Angst ...) sind wir in der oben genannten Situation gestresst und belastet.

Ohne diese Gedanken sehe ich ein kleines Lebewesen, das in eine Tasche krabbeln möchte, sehe die entzückenden kleinen Augen und das niedliche Näschen (auch das sind Bewertungen, aber sie stressen mich nicht) und ich überlege, ob ich dieses Tierchen noch hier lassen möchte oder ob ich es rausbringen will. Und dann mache ich das, was ich mache. Ganz einfach und entspannt. Ruhig und gelassen. Ich freue mich, dass der Seminarraum offenbar so sehr in der Natur liegt, dass es hier Mäuse gibt. Ich gebe ihr ein Stück Käse und hebe sie in eine Schachtel. Ich bringe sie in den Garten und wünsche ihr ein schönes Leben. Oder ich werfe sie einfach zum Fenster raus. Der Garten liegt nicht weit unter dem Fenster. Die Wiese ist weich.

Ich kann alles machen, was ich möchte. Ich mache, was in diesem Moment für mich passt. In einem anderen Moment würde ich vielleicht etwas anderes machen. Dieses Gefühl macht frei. Es bringt mich raus aus der Opferrolle in eine Welt, die gut ist. Eine Welt, die mir nichts Böses will. Und ich hatte auch noch Spaß daran, es wurde gelacht. Ein Dankeschön an die Maus, die unseren Tag erheitert hat. Das Leben ist gut, wenn wir unsere belastenden Gedanken nicht mehr glauben.

Er liebt mich nicht!

Nach Pierre hatte ich eine kurze Beziehung zu einem Mann, die mir wieder ein uraltes Thema zeigte. Meine tiefe Traurigkeit darüber, dass ich nicht geliebt werde. Das Universum hat mir zu dieser Zeit viele Klientinnen geschickt, die genau das gleiche dachten, wie ich: Er liebt mich nicht! Sie lesen mir Arbeitsblätter vor, die meine hätten sein können. In diesen Momenten bemerke ich immer wieder, wie ähnlich wir Menschen uns sind und wie sehr die Gedanken, die wir denken, sich ähneln.

Oft fällt also der Satz: „Er liebt mich nicht!"

Ich frage: Woher weißt du das?

Beweise dafür gibt es dann unendlich viele. Viele von uns, und ich gehörte zu dieser Zeit wieder eindeutig dazu, erzählen ihren Freundinnen etwas über den „bösen" Mann, der zu wenig Zeit hat, nicht heiraten will, keine Kinder will oder einfach nie wirklich „da ist". Sicherlich liebt er mich nicht „wirklich", ist das Fazit dieser Gespräche. Sollte man sich trennen oder doch noch versuchen, ihm beizubringen, dass es so nicht geht? Vielleicht würde er es eines Tages erkennen, wenn man noch ein wenig aushält und wartet?

Wie sehr erinnert mich das immer wieder an die Zeit mit Pierre. Aushalten, auf ihn einreden, versuchen ihn zu ändern. Die Frauenkrankheit der heutigen Zeit, möchte ich fast sagen.

Wie oft erzählen wir, dass er nie Blumen mitbringt. Und er würde nur Sex wollen, keine Kuscheleinheiten. Letzte Woche hatte sich mein neuer Freund nicht auf meine Nachricht zurückgemeldet, in der ich ihm zu verstehen gegeben habe, dass es mir schlecht geht. Ich brauchte ihn, damit es mir wieder besser geht. Er sollte bitte kommen. Er sollte bitte für mich da sein, denn wozu hätte ich sonst eine Beziehung? Außerdem will er die Beziehung gar nicht wirklich. Wahrscheinlich benutzt er mich nur, solange es Spaß macht, denn mehr bin ich ihm nicht Wert. Sonst hätte er doch schon längst gefragt, ob ich für immer mit ihm zusammen bleiben will!

Puh. So viele Gedanken kommen in einem Rattenschwanz hinter dem Gedanken her: „Er liebt mich nicht." Was machen diese Gedanken mit uns?

Bemerken wir, dass es nur Gedanken sind? Dass wir unsere einseitige Beweisführung nur dazu nutzen, uns noch mehr ins Unglück zu stürzen? Dass wir nicht einmal während solcher Gespräche in die Meta-Ebene gehen – oder seine Sicht der Dinge mit einbeziehen?

„Geh sieben Wochen lang in *seinen* Schuhen, bevor du über den anderen urteilst“ – ein guter Spruch von Indianern, den wir uns zu Herzen nehmen könnten, um freier zu werden.

In der Untersuchung des Satzes „Er liebt mich nicht“ nutze ich gerne die Unterfrage: Wann tauchte dieser Gedanke das erste Mal auf?

Wann hast du zum ersten Mal geglaubt, dass er dich nicht liebt. Wer war dieser „er“?

Viele Frauen erkennen dann, dass der erste „er“ der Vater war. Schon damals haben wir uns nicht geliebt gefühlt, weil der Vater vielleicht nicht die Dinge mit uns gemacht hat, die für uns „Liebesbeweise“ gewesen wären. Vielleicht hatte er auch einfach zu wenig Zeit oder er hat uns, wie in meinem Fall, manchmal angeschrien oder geschlagen. Wie könnte ein Vater, der seine Tochter liebt, diese schlagen? Nein, das kann nicht sein. Also, das ist ein wirklich hundertprozentig sicherer Beweis: Er liebt mich nicht. Er hat mich nie geliebt. Ja, das erklärt vieles. So erklären wir uns unsere Welt und manche Therapeuten bestätigen sie uns.

Sobald wir diesen Gedanken hinterfragen, kommt unsere Gedankenwelt ins Wanken. Ist es vielleicht gar nicht wirklich wahr? Hat mich der Vater vielleicht doch geliebt und einfach damals nicht anders handeln können, weil auch er seine Gedanken glaubte?

Dachte er vielleicht, dass dies der einzige Weg sei, die Tochter „auf die richtige Spur zu bringen“? Hat er einfach seine Gedanken geglaubt, dass Kindererziehung nur so möglich sei und dass es seine Pflicht wäre, seinem Kind zu zeigen, was richtig ist? Hmmm ... das könnte sein! Und in meinem Fall war es definitiv so. Mein Vater hat diese Sätze oft gesagt, ich konnte sie schon in meiner ersten Work über dieses Thema eindeutig finden. Seither bin ich im absoluten Frieden mit diesem Thema. Eine Work – und ein Riesenthema war „erledigt“!

Das Überprüfen unserer Gedanken bringt uns also Frieden und Ruhe. Je stiller und ruhiger ich werde, umso mehr kommt das Gefühl hoch, dass mein Vater mich geliebt hat. Auf seine Art und Weise. So gut, wie er es eben konnte! Mit seinem Wissenstand und seinem Weltbild, seiner Vergangenheit und seinen Geschichten über sich selbst, über seine Tochter und die Welt.

Was glaubst du über den Vater deiner Kindheit?

Und wer wärst du ohne diese Gedanken?

Ich wäre eine geliebte Tochter und bringe mir selbst den Vater zurück. Ich mache mich zu einer Frau, die einen liebenden Vater hat oder hatte – ein wichtiger Eckpfeiler in meinem Leben. Es macht mich stark, kraftvoll, erfolgreich. Es macht mich zu einem begehrenswerten weiblichen Wesen. Es macht mich interessant!

„Er hat mich geliebt." Wie wundervoll sich dieser Satz anfühlt, darfst du, wenn du magst, gleich ausprobieren. Mein Vater hat mich geliebt! Finde einige Beispiele dafür, wie dieser Satz wahr ist! Mit jedem Beispiel spürst du mehr Liebe und Energie in dir.

Und wenn mein Vater mich geliebt hat, wie könnte es sein, dass er – mein Partner heute – mich dann nicht liebt?

Ich erkenne, dass das gar nicht sein kann. Auch das muss wohl ein Hirngespinst sein. Ich kann Beispiele finden, dass er mich liebt, wenn ich es will und gezielt danach suche.

Gerne nutze ich folgendes Beispiel:

Beweise für „Er liebt mich nicht" habe ich genug. Nun suche ich Beispiele für die Umkehrungen: „Er liebt mich"! Wie kann das wahr sein?

Ich suche gezielt, so wie zu Ostern, wo ich erfahren habe, dass noch ein rotes Ei irgendwo versteckt ist. Ich weiß, dass es da ist, und suche. Diese Suche ist ganz anders, als wenn ich mich frage: Ist es wahr? Vielleicht liebt er mich? Könnte das sein?

Nein – die Frage ist: *Wie* ist es wahr, dass er mich liebt?

Mein Ausbilder in der Coach-Ausbildung sagte einmal zu mir: Eva, willst du Recht haben oder glücklich sein? Ich entschied mich damals für Letzteres und seither finde ich Beispiele zu Fragen wie: Er liebt mich – *wie* ist das wahr?

Und auch hier bemerke ich, wie Ruhe und Kraft Einzug halten und Stress und Traurigkeit verfliegen. Nicht immer, aber immer öfter.

Die Umkehrungen zu dem Gedanken „Er liebt mich nicht" sind: „Ich liebe ihn nicht" und „Ich liebe mich selbst nicht". Sie lassen uns erkennen, woher der Wind wirklich weht. Wie kann uns jemand hundertprozentig lieben (und das wollen wir ja ständig), wenn wir selbst uns nicht mal fünfzigprozentig lieben?

Wie soll das gehen? Warum sollte er das tun? Warum sollte er mich bedingungslos und zu 100 Prozent lieben, wie ich bin, wenn ich selbst denke, ich bin weniger wert als andere, bin zu fett, bin nicht so liebenswert wie andere Mädchen und kann nicht so gut kochen wie andere Frauen? Warum sollte denn unser Auserwählter uns lieben, solange wir solche Dinge von uns glauben? Er müsste ein Verrückter sein, oder? Eine Klientin hat mich sehr berührt, als sie einige Sitzungen lang über ihren Geliebten „workte", der sie zu dieser Zeit wieder einmal verlassen hatte, um zu seiner Ehefrau zurückzugehen. Ich denke heute noch manchmal mit einem großen Mitgefühl an sie.

Sabine und ihr Geliebter

Sabine kam zu mir in die Praxis, um über ihren Freund Georg zu worken. Sie erzählte mir, dass Georg seit über zwei Jahren immer wieder zu seiner Ehefrau zurückgeht und sie, Sabine, damit jedes Mal „ins Unglück stößt". Sie versucht seit zwei Jahren, sich damit abzufinden, aber jedes Mal, wenn sie fast akzeptiert, dass er weg ist, kommt er wieder auf sie zu, ruft an oder schreibt liebe Mails und sagt ihr, dass er sie „über alles liebt".

Sie hofft dann wieder, wartet, hält sich zurück, ist unglücklich, weint, erlebt schlaflose Nächte und trinkt zu viel Alkohol. Wann würde er wieder zu ihr kommen? Wann würde er es endlich schaffen, sich „aus den Klauen seiner Ehefrau zu befreien"? Wann?

Sabine kann dieses Warten nicht aushalten, sie macht sich total fertig und trinkt bis zu drei Flaschen Wein pro Abend. Anders wäre diese Ungewissheit „nicht zu ertragen".

Und Georg? Dieser liebe Mann schreibt, dass er sie liebt, er aber nicht wisse, wie er sich entscheiden soll, er könne doch 25 Jahre Ehe nicht einfach so beenden, die Ehefrau würde vielleicht unglücklich sein, die Tochter hätte ein großes Problem damit. Vielleicht soll er noch warten, bis seine Tochter erwachsen ist oder seine Ehefrau einen anderen hat? Ja, das wäre vielleicht die beste Lösung. Vielleicht findet die Ehefrau einen anderen, dann wäre er frei und würde sofort zu Sabine kommen. Sie solle bitte warten. Denn es ist die „wahre Liebe", das weiß er. Das fühlt er. Ganz tief und ehrlich.

Und Sabine wartet ...

Sie findet, Georg sollte sich entscheiden. Er sollte es durchziehen. Er sollte erkennen, dass das nicht „wahre Liebe" sei, was er mit ihr mache. Er sollte sehen, wie sehr sie ihn braucht, viel mehr als seine Ehefrau, die wenigstens die Kinder hat und schon lange keinen Sex mehr mit ihm will.

Ich frage, ob es wahr ist, dass Georg sich entscheiden soll.

Sabine sagt klar und deutlich: Ja!

Auch bei Frage 2, ob sie absolut sicher wissen könne, dass das wahr sei (Georg sollte sich entscheiden) antwortet sie mit einem lauten „Ja!".

Bei Frage drei – wie reagierst du und was passiert bei dir, wenn du diesen Gedanken glaubst – reist Sabine durch ihren Körper, spürt Schwere und Schmerzen und Depression. Sie geht gedanklich zurück in ihre Ex-Beziehungen, wo sie auch oft einsam war und gewartet hat – auf eine Veränderung, eine Entscheidung, seine Liebe.

Ich lasse ihr Zeit und sie erzählt unerwartet von einer Geschichte, die auftaucht. Sie hat diese Geschichte erst vor wenigen Wochen erstmalig von einer Tante gehört.

Als sie wenige Wochen alt war hat ihre Mutter sie weggegeben. Die Mutter hatte wohl Drogen genommen zu dieser Zeit und war mit dem Kind völlig überfordert. Nach einigen Wochen aber hat sie Sabine wieder zu sich geholt, denn „sie sei jetzt clean und könne gut für das Baby sorgen". Wenige Wochen später aber wurde Sabine bei ihrer Tante untergebracht, weil die Mutter rückfällig geworden sei. Ein kürzerer Aufenthalt bei dem Vater, ein längerer bei der Oma und immer wieder Zwischenaufenthalte bei der Mutter waren die Geschichte ihrer frühesten Kindheit. Erst als sie knapp drei Jahre alt war, durfte sie für immer bei ihrer Mutter bleiben, die endlich einen Mann gefunden hatte, der sie unterstützte. An die Zeit vorher kann sich Sabine natürlich nicht erinnern.

Wir erarbeiteten anhand der gelebten Umkehrungen (Living Turnarounds) eine Strategie, wie Sabine selbst zu sich finden kann.

Sie soll sich nämlich entscheiden: für sich selbst! Das war ihr nach der dritten Umkehrung klar. Nur wie soll sie das machen? Sabine war ihr gesamtes Leben immer am „Außen" orientiert. Sie wollte es den Männern recht machen, ihren Kindern, ihrer Mutter und den Freunden. Sie wollte es allen recht machen. Um sich selbst hat sich Sabine nie gekümmert.

Ihre erste Aufgabe war es, sich jeden Tag zehn Minuten lang hinzusetzen und sich selbst in den Arm zu nehmen. Ich schlug vor, dass sie zu sich selbst – und vor allem zu dem kleinen Baby in ihr, das so oft „verlassen worden ist" – sagen sollte: „Kleine Sabine, ich bin für dich da. Heute gibt dich keiner mehr ab. Heute lässt dich keiner mehr allein. Ich (die Erwachsene) bin immer für dich da. Es ist vorbei! Heute ist alles gut!"

Nachdem Sabine diese Übung drei Wochen lang gemacht hatte, ging es ihr wesentlich besser und sie konnte auch schon einige Mails von Georg unbeantwortet lassen. Sie plante ihr Leben einfach ohne Georg und hatte vor, demnächst eine interessante Ausbildung zu beginnen, um neue Menschen kennenzulernen und etwas für sich selbst zu tun.

Auch zeigte ich ihr das „Innere-Kinder-Retten" von Gabriele Kahn und wir brachten einige dieser kleinen „verlassenen Kinder" (Kindheits-Anteile) an einen guten und sicheren Ort. Engelwesen beschützen die jüngeren Anteile und bleiben für immer bei ihnen. Natürlich könnte man sofort fragen: Es gibt innere Kinder. Ist das wahr? Es gibt Engelwesen. Ist das wahr?

Ich habe mich dafür entschieden, alles, was mir gut tut, einfach so zu akzeptieren und nicht zu hinterfragen. Alles, was wir glauben, sind Konzepte. Wir können Konzepte, die uns belasten, überprüfen und Konzepte, die uns gut tun, stehen lassen oder sogar noch verstärken, wie ich es mit der „Inneren-Kind-Meditation“ mache. Ich habe keine Ahnung, ob und was bei dieser Art von Mediation im Gehirn passiert. Aber ich habe die Erfahrung gemacht, dass sie hilft. Und wie The Work ist auch das „Innere-Kinder-Retten“ keine neue Sache. Nicht nur Schamanen machen eine ähnliche Arbeit seit vielen hunderten oder tausenden Jahren, auch in Deutschland gibt es einige Therapeuten und Coaches, die bereits vor vielen Jahren damit begonnen haben, Imagination als Ressource erfolgreich einzusetzen, einige Buchtipps dazu findest du im Anhang.

Jedes Mal, nachdem Sabine meditiert hatte, wurde sie ruhiger, erwachsener und glücklicher. Wie wunderbar, dass es heute Traumatherapien und andere moderne psychologische Methoden für unsere „inneren Kinder“ gibt, die wir so einfach und teilweise sogar selbst – ohne therapeutische Unterstützung – anwenden können, zum Beispiel „Der innere Garten“ von Michaela Huber.

Unsere inneren Kinder

Dieses Bild, das wir alle von „inneren Kindern“ haben, ist nicht neu. Schon das Buch „Aussöhnung mit dem inneren Kind“ von Erika Chopich ist ein Bestseller. Viele andere Autorinnen und Autoren schrieben und schreiben über dieses Thema, z. B. „Das Innere Kind umarmen“ von Kim-Anne Jannes mit Übungen zum Selbermachen auf einer CD.

Manche Menschen denken noch immer, das alles sei „esoterischer Kram“. Mit diesem Vorurteil möchte ich hier aufräumen.

Wir alle haben Dinge erlebt, die uns unsicher oder hilflos gemacht haben, vielleicht auch Dinge, die uns als Kind vor ein unlösbares Problem gestellt haben oder all unsere vorhandenen Ressourcen ausgeschöpft oder überfordert haben. Das nennt man Trauma.

Schamanen sagen, dass sich ein Teil unserer Seele abspaltet, wenn ein „Trauma“ passiert. Dieser Teil der Seele entwickelt sich dann nicht weiter, sondern verharrt in diesem Alter. So passiert es uns im Heute, dass wir plötzlich wie ein kleines Kind reagieren oder, wie Sabine, die Situation der Kindheit im Heute wiederholen und scheinbar nicht daraus entkommen können. Als erwachsene Person würde Sabine sicherlich zu Georg sagen, dass er bitte zuerst seine Ehesituation klären soll und danach wieder anrufen könnte.

Als „Baby“ kann Sabine das nicht. Sie reagiert mit Weinen und hilflosem Agieren, Warten und sogar mit einer Flasche am/im Mund. Wie damals, als sie auf ihre Mutter gewartet hat …

Diese „inneren Kinder“ (traumatisierten inneren Anteile) zeigen sich in den verschiedensten Situationen.

Sabine hat sicherlich sehr schwere Traumen erlebt, denn wie könnte ein Baby verstehen, warum seine Mutter es immer wieder weggibt? Eine feste Bezugsperson ist in den ersten Wochen und Monaten eines der wichtigsten Dinge für ein Kind, um eine sichere Bindung herstellen zu können und Urvertrauen ins Leben, in die Menschen und in sich selbst zu bekommen. Diese feste Bezugsperson hatte Sabine nicht. Sie musste sich immer wieder neu auf eine Person einstellen und konnte sich nie sicher sein, ob es diesmal so „bleibt“ und ob die Bindung zu dieser Person nun sicher für sie ist.

Viele von uns haben nicht nur Verunsicherungen erfahren, sondern auch noch Gewalt oder Missbrauch. Da diese Geschehnisse nun nicht mehr tabuisiert werden, wissen wir alle von den vielen sexuell missbrauchten Frauen und Männern unter uns, die oft mit chronischen Krankheiten zurechtkommen müssen oder die erlebten Gewalterfahrungen an ihre eigenen und an fremde Kinder weitergeben.

Einige von uns wissen nichts davon, obwohl es ihnen selbst passiert ist.

Auch hier können wir nur auf die Arbeit unserer Seele vertrauen, die manchmal erlebte Erfahrungen freigibt und manchmal nicht. Einige von uns erleben in Träumen oder in Flashbacks die Geschehnisse wieder, andere fühlen ein permanentes Unzufriedensein oder sind oft ohne ersichtlichen Grund traurig und wissen nicht, dass ihnen etwas „Schlimmes“ passiert ist. In Familienaufstellungen, Psychotherapien, Hypnose oder mithilfe von spirituellen Methoden (Rebirthing, Rückführungen u. ä.) kommen diese Dinge oft ans Tageslicht. Es zeigen sich unsere „inneren Kinder“, die dieses Erlebnis bis heute nicht verarbeitet haben. Diese inneren Anteile sind oft völlig abgespaltet von uns.

Das Wunderbare an The Work ist, dass niemand sich daran stößt, wenn – in meinem Fall ein Lehrcoach – auch andere Methoden einsetzt und nicht nur mit The Work arbeitet. Wenn jemand zu mir in die Praxis kommt und keine Ahnung von The Work hat, ist es meine Entscheidung, welche Methode ich als erstes anwende. Früher war es meistens The Work, heute sind es oft andere Methoden, wie das „Innere-Kinder-Retten“, EMDR und Wingwave, Emotional Freedom Techniques (EFT), Familienaufstellungen oder Imaginationsreisen. Erst wenn das „Erwachsenen-Ich“ (und auch das ist ein Konzept!) der Klientin oder des Klienten stabil genug ist, stelle ich The Work vor. Ich mache das nicht planvoll oder mit einem Ziel, sondern ich vertraue inzwischen ganz meiner Intuition, wann ich die Klientin oder den Klienten zu The Work einlade. Es fühlt sich richtig für mich an und ich bemerke immer weniger Gedanken, wie:

- The Work ist zu hart für diese Klientin.
- Es ist zu früh, diese Gedanken zu überprüfen.
- Es könnte sie/ihn in Schuldgefühle werfen, wenn wir zu den Umkehrungen kommen.

Und ich bin so dankbar, dass immer mehr Klienten von sich aus The Work machen wollen, denn dann bin ich einfach mit allem, was ich einbringen kann, eine gute „Work-Begleiterin“.

Eine Klientin, ich nenne sie Ina, kann zum Beispiel nicht mit ihrem Chef sprechen, wenn dieser laut wird. Sie fühlt sich „ganz klein“ und wir haben in wenigen Stunden erarbeitet, dass ihr Vater sehr jähzornig war und Ina immer wieder große Angst vor ihm hatte. Sie hat sich früher oft im Schrank versteckt und gewartet, bis der Vater wieder ruhiger geworden ist. Das konnte schon mal die ganze Nacht dauern. So verhält sich Ina auch ihrem Chef gegenüber. Sie duckt sich, zieht sich zurück und leidet. Sie kann weder sagen, er solle bitte ruhiger mit ihr sprechen, noch kann sie einfach darüber lachen, weil sie es – als Erwachsene – lächerlich findet, wenn jemand im Arbeitskontext einfach losbrüllt. Sie hatte auch noch nie die Idee zu kündigen, denn es wäre eine Kündigung des Kindes dem Vater gegenüber und das machen nur die wenigsten Kinder. Sie bleibt also jahrelang, lässt sich anschreien und demütigen und denkt, das wäre die einzige Möglichkeit für sie. Glaubenssätze wie „Es kommt nichts Besseres nach“ oder „Was man hat, das hat man“ tun noch das Übrige dazu.

Schlagfertig zu sein, wünscht Ina sich sehr, aber so ein kleines, verschüchtertes Mädchen ist eben nicht schlagfertig gegenüber einem erwachsenen Mann.

Ina kommt nach zwei Familienaufstellungen und einigen „Inneren-Kinder-Rettungen“ immer mehr in ihr erwachsenes Ich, workt einige Arbeitsblätter über ihren Chef, beginnt, die „Living Turnarounds“ aus ihren Works zu leben - und schafft es tatsächlich, ein Gespräch mit ihrem Chef zu suchen. Sie sagt sich vorher mehrfach: „Ich bin Ina, 46 Jahre alt, erwachsen. Es ist vorbei. Heute bin ich sicher und du, kleine Ina, bist auch in Sicherheit, weil ich, die Große, auf dich aufpasse!“ Sie hat alle ihre inneren Kinder (2, 5, 7, 8 und 10 Jahre alt) an einen sicheren Ort gebracht, um wirklich erwachsen sein zu können.

Sie, die 46-Jährige, kann diese Situation nun gut meistern und siehe da, der Chef entschuldigt sich und sagt, er wäre selbst unzufrieden mit dieser Situation. Er möchte nicht mehr schreien.

Als ich Ina das letzte Mal gesehen habe, sagte sie mir, dass ihr Chef seit Wochen nicht nur sie, sondern auch andere Kollegen nicht mehr angeschrien hätte. Es sei nun eine ganz andere Arbeit und er wäre plötzlich ein ganz anderer Mensch!

Unsere eigene Veränderung verändert auch die Umwelt. Die Integration unserer eigenen inneren Kinder ändert auch einiges bei den Menschen, die uns umgeben. Vielleicht konnte das innere Kind des Chefs auch an einen sicheren Ort gehen, nachdem Ina freundlich und offen mit ihm gesprochen hatte. Wenn wir uns ganz zeigen, kann auch der andere folgen...

Wenn wir unsere inneren Kinder „in den Krieg schicken“, dann erleben wir wieder die Hilflosigkeit von einst und stehen mit offenem Mund da, ohne zu wissen, was wir sagen sollen. Oder wir schlagen verbal oder körperlich um uns oder laufen einfach davon. Jeder und jede von uns reagiert in Stresssituationen genauso, wie wir es einst als Kind gelernt haben. Unsere inneren Kinder sind lebendig, auch wenn sie verschüttet und mit Tabletten oder Alkohol weggedrückt werden. Sie *leben* und wir können sie neu entdecken. Das macht uns ruhiger, friedlicher und souveräner. Wir werden erwachsen, integrieren unsere Anteile und werden ganz.

Heute kann ich mir gut erklären, weshalb ich Pierre und seinen Vorgängern so verfallen war. Ich suchte nach der Geborgenheit, die ich als Kleinkind erfahren und danach wohl zu schnell verloren habe. Mein Vater wurde schwer krank, als ich sieben Jahre alt war, und danach war meine Familie plötzlich eine andere. Ich kann mich an sehr wenig Fröhlichkeit und Leichtigkeit erinnern, im Mittelpunkt standen Krankheiten, Pflegebedürftigkeit und Angst vor dem Sterben. Auch meine Oma und das Pferd waren sehr krank. Irgendwie drehte sich in meinen Jugendjahren alles immer wieder um Leiden.

Ich versuchte das Glück, das ich einst kannte, in meinen Männern zu finden. Vielleicht wollte ich so diese heile Familienwelt wieder herstellen, mir ein Zuhause geben, in dem ich mich wohlfühlte. Auch hatte ich als Kind gelernt, dass man niemanden so schnell aufgeben darf und dass Liebe wohl einen hohen Preis hat.

Diese Glaubenssätze meiner Familie ließen mich diese unglaublich naiven Dinge tun, die ich mit Pierre gemacht habe. Alles im Namen der Liebe, die keine war.

Mit The Work konnte ich herausfinden, was meine wahre Natur ist und meinen Weg als Coach und Therapeutin gehen.

Auch der Mann, der vor fünf Jahren in mein Leben kam, war ein wunderbarer Lehrmeister. Er wollte im Grunde keine Beziehung führen und doch hatten wir eine. Auch hier durfte ich worken, worken und worken und erkennen, erkennen, erkennen: Ich will etwas im Außen, was im Inneren nicht vorhanden ist.

Ich machte Kompromisse, dachte, dass es schon „irgendwie gehen würde“ und war wieder unachtsam mit mir selbst. Schön war, dass es mir immer bewusster wurde und ich immer schneller aus einem Spiel ausstieg, das mir nicht gut tat.

Mit diesem Mann, ich nenne ihn Hans, durfte ich vor allem meine Sexualität neu kennenlernen. Bisher war Sex für mich „normal“ in einer Beziehung. Ich machte „es“ eben. Manchmal war es schön, manchmal weniger. Ich hatte mir wenig Gedanken um meine Sexualität gemacht. Plötzlich rückte sie aber schmerzlich mehr und mehr in den Mittelpunkt. Unsere Beziehung lief recht gut, nur der Sex wollte nicht so richtig mithalten.

Lange Zeit versuchte ich dieses Thema „zurecht zu worken“, aber meine Vagina sagte mehr und mehr: *nein*. Sie wollte sich nicht freudig zeigen, war nicht bereit für seinen Penis und nicht aktiv und willig. Die Umkehrungen aus den „Works“ über meine Vagina und seinen Penis waren wie meistens einfach viel wahrer als der Ursprungssatz. Ich versuchte, mir die Sache noch eine Zeit lang schön zu reden, aber mein Körper sprach mit unüberhörbaren Worten. Irgendwann erkannte ich auch hier, dass es nicht hilft, gegen die innere Wahrheit zu leben und dass ich auch hier einsehen muss, dass die Realität nicht veränderbar ist, nur weil ich das möchte.

Hans wollte keine Beziehung, zog sich oft sehr zurück, woraufhin ich noch mehr in die Gänge kam und anfangs wieder in mein altes Muster verfiel: geben, geben, geben, machen, machen, machen. Nach wenigen Jahren war diese Geschichte auch vorbei und ich durfte wieder ein neues – altes – Kapitel beginnen: Eva, Single, ungebunden, frei!

Würde ich überhaupt jemals einen festen Partner haben und in einer glücklichen Beziehung leben? Gut, dass ich The Work habe und meine Gedanken überprüfen kann, die denken, dass eine feste Beziehung gut für mich wäre. Vielleicht ist es einfach nicht mein Weg, zumindest nicht, solange eben diese Beziehung noch nicht da ist. Und glaube ich eigentlich heute, dass ich liebenswert und wunderbar bin? Was denke ich mittlerweile über mich? Sind die Männer im Außen nur der Spiegel, wie sehr ich mich schon in Selbstliebe geübt habe?

Bei einer Seminarteilnehmerin, ich nenne sie Lena, sitzt der Gedanke, „falsch zu sein“ ganz tief. Sie erzählt, dass sie schon nach der Geburt erfahren hat, dass sie unerwünscht sei. Ihre Eltern waren jung und unerfahren und waren mit dem Baby überfordert. Sie haben Lena oft angeschrien. Lena erzählt auch von Schlägen und Misshandlungen von Anfang an. Eine Oma hätte sich immer wieder liebevoll um sie gekümmert und den Eltern mit dem Jugendamt gedroht, wenn sie nicht aufhören würden, Lena Gewalt anzutun.

Als Lena sieben Jahre alt war, wurde der Vater das erste Mal sexuell übergriffig. Sie erinnert sich nicht an dieses erste Mal, aber in einer Therapie konnte sie erfahren, dass wohl schon lange vor ihrer Erinnerung der Missbrauch begonnen hat. Lena erinnert sich, dass sie mit dreizehn vom Vater vergewaltigt wurde, weil sie sich das erste Mal dagegen gewehrt hatte. Seither fühlt sie sich als Opfer, allein, missverstanden und von allen im Stich gelassen. Die Mutter sagt, sie hätte nichts bemerkt, denn Lena wäre immer schon „seltsam" gewesen. Die Oma war gestorben, als Lena zwölf war, die Lehrer meinten, sie wäre faul und störrisch, also hatte sie niemandem, dem sie davon erzählen konnte. Mit 16 ist Lena mit ihrem Freund weggegangen, die Mutter hat jahrelang nicht mehr mit ihr gesprochen und der Vater hat sie „verflucht". Sie wäre eine Teufelin, eine undankbare Göre, einfach total falsch. Diese Worte hört sie heute noch manchmal, wenn sie an ihre Eltern denkt. Lena fühlt sich, wie die meisten missbrauchten Mädchen, schuldig. Denn vielleicht hatte sie den Vater animiert? Vielleicht war sie selbst die Täterin? Sie erkennt in einer der vielen „Works", die sie über ihren Vater gemacht hat, dass sie es ausgenutzt hat, dass der Vater sie mehr mochte als ihre Geschwister. Sie hat „Privilegien" genossen, die die anderen nicht hatten. Sie erkennt, dass sie sich selbst bis heute mehrfach „missbraucht" hat, während der Vater nach der Vergewaltigung nicht mehr an sie rangegangen ist. Und dieser Missbrauch, den Lena sich selbst antut, kann aufhören. Lena kann Stopp sagen, wenn Gedanken auftauchen, wie: „Du bist nichts wert!", „Du machst alles falsch!", „Du bist nicht richtig!". Sie kann aufhören, sich Männern hinzugeben, wenn sie nicht wirklich will. Sie kann aufhören zu viel Alkohol zu trinken und sie kann das Rauchen aufgeben. Alles Arten von Missbrauch! Auch die permanenten Gedanken an den Missbrauch des Vaters ist Missbrauch an ihr selbst. Sie erkennt, dass heute nur mehr sie selbst sich missbraucht und sei es in Gedanken an die damalige Situation, die sie immer wieder durchspielt, also wieder und wieder neu erlebt.

Sie lernt, ihre Gedanken niederzuschreiben und zu überprüfen, sich in den Arm zu nehmen und sich selbst Gutes zu tun. Und je öfter sie diese Übung macht, umso öfter wird sie sich gut fühlen. Ein langer Weg. Lena übt dies seit mehreren Monaten und trotzdem passiert es ihr immer wieder, dass sie sich „nicht richtig" oder „schlecht" fühlt und dass sie andere als „besser" oder als „mehr wert" bezeichnet. Aber sie hat ein Werkzeug in der Hand, das sie jederzeit verwenden kann. Sie ist nicht mehr ausgeliefert und muss sich diesen belastenden Gedanken nicht mehr hilflos hingeben. Sie kann Herrin der Lage werden, indem sie die Negativschleife aufhält, bevor diese sie in die Tiefe reißt. Früher war sie völlig unfähig etwas dagegen zu tun und konnte nur mit Alkohol und Drogen dagegen ankämpfen. Ein Selbstmordversuch als Hilfeschrei war das letzte, das Lena getan hat, um aus dieser Situation befreit zu werden. Danach erkannte sie, dass nur sie selbst sich helfen kann und dass sie nur mit ihrer eigenen Stärke aus dieser Geschichte entkommen kann.

Seit einiger Zeit workt sie auch über ihre Mutter, ihre Oma und ihre Ex-Männer und erkennt ihre Anteile an den Geschehnissen. Sie kann nun offener auf den Vater zugehen und ehrlich mit der Mutter reden. Sie kann die Seite der „Täter“ sehen und erkennen, dass auch sie nur Opfer sind. Der Vater wurde selbst missbraucht und geschlagen und die Mutter war mit ihrer eigenen depressiven Mutter von klein auf völlig überfordert. Keines der beiden Elternteile hatte gelernt, wie man mit einem Baby umgeht, und sowohl Mutter als auch Vater haben zutiefst verletzte „innere Kindheitsanteile“, die ihre Ohnmacht von damals unreflektiert an Lena weitergegeben haben. Lenas Ziel ist es, Vater und Mutter wieder lieben zu können und sich selbst mit ihrer Geschichte annehmen und wertschätzen zu können. Denn nur so ist ein glückliches Leben möglich, das hat Lena bereits erkannt. Treffen mit den Eltern finden nur statt, wenn Lena sich gut fühlt. Den Kontakt zum Vater bricht sie auch immer wieder ganz ab, weil es sich mehr und mehr richtig für sie anfühlt. Die innerliche Verbundenheit bleibt aber.

Menschen, die in eine sie überfordernde Situation gebracht werden, reagieren mit Flucht, Kampf oder Erstarrung. Flucht und Kampf sind zwei uns angeborene Verhaltensweisen. Es ist also ganz normal, wenn wir aus einer Situation fliehen oder um unser Überleben kämpfen. Die Erstarrung ist ein Merkmal, das im Zusammenhang mit Traumata oft auftritt. Ich habe während meiner Ausbildung zur Familienaufstellerin viele Frauen erlebt, die schwer und mehrfach traumatisiert wurden. Sie waren oft wie unsichtbar, schüchtern, zurückhaltend, gebeugt. Sie haben manchmal auffallend leise oder sehr laut gesprochen und konnten oft nicht sagen, wie sie sich fühlten. Sie waren leicht zu erschrecken und erzählten von vielen körperlichen Problemen, für die es kein Mittel gebe. Von einem Arzt zum anderen seien sie gegangen, keiner hätte ihnen helfen können. Manche Ärzte nannten sie Hypochonder, andere meinten, sie wären wohl zu empfindlich. Sie selbst hatten keine Ahnung, was mit ihnen los war.

In einigen Büchern lesen wir nicht nur über Missbrauch zu Hause und in den Schulen und Heimen, sondern auch über Organisationen, die Kindesmissbrauch profitorientiert organisieren – und es gibt wohl hier in Deutschland viele davon. Wir können uns also vorstellen, was auf unserer kleinen Welt passiert, ohne dass wir die geringste Ahnung davon haben.

Wie gehen wir damit also um?

In meiner Ausbildung zur Familienaufstellerin lernte ich, dass ein betroffener Mensch keinen Kontakt mehr zu dem „Täter" haben soll. Nur so sei Heilung möglich.

In meiner ersten School für The Work mit Byron Katie erlebte ich, dass Frauen und Männer weinten, als sie endlich wieder die Liebe zu ihren Eltern fühlten, obwohl diese sie misshandelt hatten.

Wir schneiden uns also von der Liebe ab, wenn wir die Menschen als „Täter" klassifizieren. Wenn wir erwachsen sind, können wir dem Missbrauch, sofern er noch andauern sollte, ein Ende setzen. Je souveräner und klarer wir mit der Situation umgehen, umso mehr verliert der „Täter" seine Macht.

Ich habe in einem Seminar eine Frau erlebt, die klar und deutlich sagen konnte: „Du hast mich zum letzten Mal geschlagen!" Und der Mann weinte und entschuldigte sich und sagte, dass er sie lieben würde. Die Frau ging.

Ich kenne eine Richterin, deren Familie über drei Generationen hinweg nachgewiesenen sexuellen Missbrauch erlebt hat. Ihre eigene Tochter ist betroffen und keiner hat etwas bemerkt, weil dieser missbräuchliche Umgang mit Kindern als *normal* in dieser Familie angesehen wurde. Auch hier wurde diskutiert, ob man den Kontakt zum „Täter" (einer der Täter lebte noch, die anderen waren bereits gestorben) abbrechen sollte.

Während mehrerer „Works" erkannte Mia (Name und Details geändert), dass sie diesen „Täter" nicht aus der Familie verstoßen möchte. Bei einem klärenden Gespräch erfuhr sie, dass dieser Mann – ihr eigener Bruder – schon mit sechs Jahren das erste Mal missbraucht worden ist und danach mehrere solcher Erfahrungen mit verschiedenen Männern und Frauen (!) gemacht hatte. Er hat also weitergegeben, was er selbst erfahren hat. Er ist zum Täter geworden, um kein Opfer mehr zu sein. Ihn auszugrenzen, würde noch mehr Leid schaffen, als die Sache aufzuarbeiten – in der Familie und mit Hilfe von außen.

Die Erklärung, dass Opfer zu Tätern werden, ist übrigens keine Entschuldigung oder Rechtfertigung für Gewalt oder Missbrauch. Das zu erwähnen, ist mir sehr wichtig! Es ist lediglich eine Erklärung, die hilft, „Täter" als Menschen zu sehen und sich selbst aus einer Opferrolle zu entlassen, die das Leben sinnlos und leer macht. Es hilft uns, hinzuschauen, auf unsere eigene Vergangenheit und auf das Leben anderer Kinder, Frauen und Männer, die in einer solchen Situation sind. Wir können, wenn wir unsere Geschichte aufgearbeitet haben, stressfrei und erwachsen reagieren und dadurch vieles in der Welt verändern, wenn wir das möchten. Die Betroffenen selbst können im Kontakt mit den „Tätern“ erleben, dass es nicht nur diesen einen Anteil in diesen Menschen gibt. Sie können den „Täteranteil“ konfrontieren und die restliche Anteile dieser Väter, Opas, Onkel, Nachbarn, Lehrer oder Mütter dürfen sie weiterhin lieben, im realen Kontakt bleiben, wenn es sich richtig anfühlt, oder ihn/sie einfach in Gedanken gern haben oder sogar lieben.

Das befreit.

Diese vielleicht früher von ganzem Herzen geliebten Menschen aus dem eigenen Leben zu verbannen, macht nicht glücklich. Ich habe bis heute keine Frau erlebt, die wirklich frei war, nachdem sie den Kontakt zur Familie mit Gewalt abgebrochen hat. Es macht hart und verbittert und lässt uns ein Leben lang Opfer bleiben. Ich kenne aber viele, die sehr selten Kontakt mit ihrer Familie haben, einfach, weil sie sich im Zusammensein mit anderen Menschen besser fühlen als mit ihrer Familie.

Wo steht, dass wir regelmäßig Kontakt zu unserer Familie haben müssen?

Wo steht, dass Eltern ihre Kinder lieben müssen?

Wo steht, dass wir unsere Eltern lieben müssen?

Auch das sind nur Gedanken.

Wichtig ist es, hier nicht „Vertuschung“, „Verdrängung“ oder „Schönrederei“ zu betreiben. Es geht um ein ehrliches Hinterfragen der Geschichten, ein Erkennen und ein bewusstes Aussteigen aus Geschichten, die uns nicht gut tun.

Mit The Work von Byron Katie werde ich stabil und frei, solche Themen zu bearbeiten und Menschen, die Gewalt und Missbrauch erlebt haben, mit den vier Fragen oder einer Traumatherapie willkommen zu heißen. Gedanken wie „das hätte nie passieren dürfen“, „es ist schrecklich, was in unserer Welt passiert“, „Menschen sind böse“, habe ich fast nie mehr. Ich habe sie viele Male geworkt, mir meine eigenen Täteranteile angeschaut und mich zum größten Teil mit ihnen versöhnt. The Work von Byron Katie ist also auch eine wunderbare Methode für Therapeuten, erwachsener und reifer zu werden, um noch bessere Therapeuten zu sein und psychisch gesund zu bleiben, auch wenn sie mit schwer traumatisierten Menschen arbeiten.

In dieser Zeit habe ich das „Innere-Kinder-Retten“ mit einer Meditation verbunden, die ich aus mehreren Methoden kombiniert habe:

Meditation für dein inneres Kind

Setze dich hin, mache es dir bequem. Sorge dafür, dass du alles hast, was du brauchst (Kissen, Decke, Handy aus, Klingel aus, Türe zu, richtige Temperatur im Raum, um dich wohlzufühlen).

Beobachte deinen Atem und fühle, ob du ruhiger oder unruhig wirst. Beides ist ok. Lass alles da sein, heiße deine Gedanken und Gefühle willkommen. Beobachte einfach weiter. Schließe deine Augen. Vielleicht findest du jemanden, der dir diesen Text vorliest oder du nimmst ihn auf und hörst ihn danach mit geschlossenen Augen an und machst mit.

Wenn du sicher bist, weitergehen zu können, frage deine Seele, welches Kind heute gerettet werden möchte. Vielleicht hast du, nachdem du das Buch bis hierhin gelesen hast, auch schon eine Ahnung, welches Kind heute dran ist.

Sobald das Kind „da ist", blick es an, so liebevoll, wie du nur kannst, und sage ihm, dass du dich jetzt um sie oder ihn kümmern wirst. Du wirst dafür sorgen, dass es in Sicherheit gebracht wird.

Text: *Gehe an deinen sicheren Ort (eine Wiese, ein Strand, Berge, eine Alm, ein See oder einfach dein ganz persönlicher Platz) und blick dich um. Falls etwas Negatives da ist, schick es weg. Alles soll so sein, wie es dir gefällt.*

Höre genau hin, ob du irgendwelche Geräusche wahrnimmst. Vögel? Wasser? Wind? Was hörst du? Was schmeckst und riechst du? Was fühlst du? Wasser um die Füße? Wind auf deinem Körper? Wind im Haar? Die Sonne auf deiner Haut?

Nimm alles wahr, was es dort zu sehen, hören, riechen, schmecken und fühlen gibt und richte es dir so ein, wie es perfekt für dich ist! Vielleicht willst du einen Schaukelstuhl oder eine Hängematte haben? Eine Hütte mit Terrasse? Lass es vor deinem inneren Auge auftauchen.

Dann errichte einen Schutzwall, einen Zauberzaun oder eine Schutzhülle um diesen Ort herum, damit du sicher sein kannst, dass du nicht gestört oder überrascht wirst. Mach den Ort hundertprozentig sicher!

Es kommen zwar Luft und Sonne zu diesem Ort, du kannst jederzeit raus, wenn du möchtest, aber niemand kommt herein, ohne dass du es willst.

Setze dich hin, lege dich hin, ganz wie du möchtest, und genieße diesen inneren Ort voll und ganz.

Dann beginne einen zweiten sicheren Ort zu kreieren. Einen Ort für dein inneres Kind, das du vorhin entdeckt hast. Dieser zweite Ort kann in der Nähe von deinem Ort sein oder auch ganz weit weg. Alles ist richtig.

Erstelle diesen „Kinderort" so, wie du dir vorstellen kannst, dass dein jüngerer Anteil, dein „inneres Kind" ihn lieben wird. Bring Katzen, Hunde, Pferde oder Esel an diesen Ort oder Kuscheltiere, Spiele, Puppen, Bücher, Musik. Alles, was du damals geliebt hast oder glaubst, damals geliebt zu haben. Richte den Ort so ein, dass dein „inneres Kind" sich hundertprozentig wohlfühlen wird, wenn es kommt. Stelle alles bereit, Kinderzimmer, Bett, Stuhl, Tisch, Küche, Garten, Blumen – alles nach dem Geschmack dieses kleinen Wesens, das bald hierher gebracht werden wird. Sichere auch diesen Ort mit einer Schutzhülle ab!

Wenn du mit der Gestaltung dieses Ortes fertig bist, kommt der letzte Vorbereitungsschritt.

Bitte deine Seele, einen Helfer bereitzustellen, der zurückgehen wird, in die „üble Situation von damals" und das Kind aus der Situation herausholen wird. Dieser Helfer wird dann das Kind heilen und mit ihm zu dem sicheren Ort gehen oder fliegen und dort für immer bei ihm bleiben. [So wird „Retraumatisierung" durch heftige Emotionen aus der damaligen Situation verhindert!]

Wenn du den Helfer siehst, versichere dich zuerst, ob er der „Richtige" ist. Blicke in sein oder ihr Gesicht, ob es liebevoll, stark, freundlich ist. Wenn du ihm nicht vertrauen kannst, bitte um einen anderen Helfer. Wichtig ist, dass du dich sicher mit ihm fühlst und ihm die Rettungsaktion zutraust.

Dann sage ihm laut: „Lieber Helfer, gehe zurück in die Situation, in der .... und hol sie dort raus. Bring sie an den sicheren Kinderort, den ich für sie errichtet habe, und wenn ihr dort angekommen seid, gib mir bitte ein Zeichen."

Danach kannst du dich deinen Sachen widmen, dich wieder entspannen an deinem sicheren Ort, in den Himmel schauen oder in der Hängematte schlafen, spazieren gehen, schwimmen, essen oder was auch immer dir einfällt. Der Helfer fliegt unterdessen zurück in die Vergangenheit und holt das Kind aus der Situation und du klopfst während dessen langsam abwechselnd rechts und links auf deine Oberschenkel. [Erklärung folgt]

Irgendwann wirst du „wissen" oder sehen, dass dein „inneres Kind" und der Helfer an dem sicheren Kinderort angekommen sind und dann kannst du, wenn du möchtest, deinen geheilten inneren Anteil treffen.

Du kannst dich also zu dem sicheren Ort „beamen", hinfliegen oder einen violetten Lichtstrahl zwischen deinem Ort und dem sicheren Kinderort entstehen lassen, auch gerne durch dich und das Kind hindurch und einfach auf dem Lichtstrahl hin zu dem Kind gehen. Spüre, wie gut es dir tut, dich näher an das Kind heran zu bewegen. Wenn es dir nicht gut tut, lass es. Das Kind braucht dich nicht. Dann beendest du hier die Meditation.*

Wenn du zu dem Kind gehst und du merkst, dass du ihm nah sein möchtest, dann achte darauf, wie es sich für dich anfühlt. Spüre deine Gefühle, wenn du das Kind siehst. Vielleicht magst du ihm die Hand reichen oder es umarmen? Dann tu es. Alles ist richtig. Achte darauf, dass das Kind sich wohlfühlt, beachte seine geschehene Heilung, nimm wahr, dass jetzt alles in Ordnung ist. Vielleicht ist das Kind noch erschöpft oder müde, aber es ist geheilt. Nimm das wahr.

Du kannst, falls du und das Kind das möchten, natürlich auch mit ihm spielen. Vielleicht auch einfach zusammen sein und nichts machen. Schau einfach, was deine Seele dir sagt und folge ihr. Wenn du magst, kannst du dem Kind genau das geben und sagen, was es nach deinem Gefühl damals in der Situation gebraucht hätte.

Aber das muss nicht heute sein. Du kannst jederzeit wiederkommen, der Lichtstrahl verbindet eure Orte auf ewig, du hast alle Zeit der Welt, mit deinem inneren Kind in Kontakt zu kommen. Auch ist das violette Licht zusätzlich Heilung für dich und den inneren Anteil, dein inneres Kind.

Genieße diese erfolgreiche Rettungsaktion noch eine Zeit lang an deinem sicheren Ort, bevor du in den Raum zurückkehrst und die Augen öffnest.

**Violett gilt als Farbe der Heilung, weil geronnenes Blut die Farbe violett annimmt.*

Worauf achte ich in meiner Meditation?

In einem Beispiel der kleinen Evi, die vom Vater angeschrien wurde, würde ich vor allem darauf achten, dass ich freundlich, ruhig und wertschätzend zu dem Kind bin, weil es das ist, was es am meisten braucht. Ich würde ihr sagen, dass sie (die kleine Evi) heute in Sicherheit ist und nie wieder angeschrien oder geschlagen werden wird. Ich würde ihr sagen, dass ich stolz auf sie bin, dass sie dieser Situation so gut Stand gehalten hat und dass ich ihr dankbar bin, dass sie diese Emotionen so lange für mich getragen hat. Ich würde ihr sagen, dass ich sie liebe (oder „beginne sie zu lieben", „lerne, sie zu lieben" ... wenn das „ich liebe Dich" noch nicht geht...) und sie herzlich umarmen.

Ich bin ganz ehrlich zu meinem inneren Kind, spiele ihm nichts vor. Wenn das „voll und ganz annehmen und lieben" noch nicht funktioniert, ist es auch ok. Auch das ist ein Prozess, der jetzt beginnen darf.

Ich könnte mir auch noch selbst einen liebevollen, auch durch das Licht geheilten Vater, in den Rücken stellen. Wie fühle ich mich als erwachsene Eva, die einen liebevollen Vater im Rücken hat, während sie mit der Kleinen spricht? Wie ist es, eine schützende, liebevolle Mutter (geheilter Anteil der Mutter) im Rücken zu haben? Auch das könnte ich ausprobieren. Ich kann den Eltern auch Ressourcen schenken, damit sie noch mehr in ihre Kraft kommen.

Hiermit bringe ich Elemente des Familienaufstellens in die Arbeit ein. Für viele von uns fühlt sich das spontan sehr gut an, dann bleibe ich eine Zeit lang bei dieser Sequenz.

Mir gefällt es auch gut, hier Wingwave-Coaching (schnelles Winken vor den Augen oder schnelles Tapping/Klopfen auf den Oberschenkeln) einzubringen, wenn Stressgefühle auftauchen. Es ist eine wunderbare Methode, feststeckende Traumata zu lösen. Für mich selbst war es eine Erlösung, diese Methode gefunden zu haben und ich wende sie in meiner Praxis fast täglich an.

Auch tut es gut, den Helfer zu sehen. Er ist ein Anteil von uns selbst: unser „weiser Anteil", unser „höheres Selbst" oder unser „göttliches Selbst", nenne ihn wie du möchtest. Er ist jemand, der die Gedanken aus dieser Situation nicht glaubt, der frei ist von belastenden Emotionen der Kindheit. Stelle ihn in

Gedanken dorthin, wo er dir und dem Kind am nützlichsten ist. Versichere dich immer wieder, dass das Kind hier mit ihm absolut sicher und geschützt ist und alles hat, was es braucht und jemals brauchen wird. Gerne kannst du das Kind und den Helfer auch in dein Herz nehmen und so beide Anteile mit dir selbst verbinden.

Ich beschreibe diese Prozesse hier in Kürze, eine solche Meditation dauert oft bis zu 1,5 Stunden.

Wenn du dich verabschiedest, kannst du sagen, dass du wiederkommst. Du kannst auch sagen, dass das Kind dich rufen darf, wenn das für dich passt oder es eben in dein Herz nehmen. Aus meiner Erfahrung braucht aber der/die Erwachsene das Kind und nicht umgekehrt. Also sei dir bewusst, dass das Kind nun in Sicherheit ist und gehe zurück an deinen sicheren Ort und dann zurück ins Hier und Jetzt, in deinen Alltag. Benutze dieses Kind nicht mehr, um in der Gegenwart Spiele zu spielen und deine Kindheit zu reinszenieren, sondern beginne authentisch im Jetzt zu leben. Deine Gefühle dürfen sein. Alle!

Ich habe bemerkt, dass ich umso erwachsener und sicherer reagiere, je mehr innere Kinder ich in Sicherheit gebracht habe / integriert habe. Es wird für mich immer leichter, sachlich, weniger emotional und ruhiger, meinen Alltag zu meistern. Gefühle, die ich heute kenne, sind Freude und Liebe. Manchmal Trauer und ich kann heute auch gut weinen.

Psychische und physische Probleme werden langfristig weniger, wenn wir uns selbst liebevoller und achtsamer begegnen und mehr in unseren eigenen Angelegenheiten sind als in denen der Anderen oder in „Gottes Angelegenheit“, wie Byron Katie es nennt: der Realität. Das ist meine Erfahrung.

Mögliche Nebenwirkung: Manche Partner, Eltern und Vorgesetzte möchten keine „mündigen Gesprächspartner“. Es könnte eine Trennung oder eine Kündigung folgen, wenn man „plötzlich“ erwachsen wird. Eine Ehescheidung ist also oft „Nebenwirkung“ dieser Arbeit an sich selbst. Darauf möchte ich hier hinweisen. Die Konsequenzen einer Reise zu sich selbst, muss man tragen, ebenso wie die Verantwortung dafür.

Warum verändern wir mit dieser Arbeit unser Erleben?

Die Situation – die Realität – selbst ist immer die gleiche, ich empfinde sie nur anders, je nachdem, ob ich die Kleine oder die Große bin, die sich in dieser Situation befindet. Je nachdem, ob ich die Gedanken glaube oder nicht.

Wie fühle ich mich als „kleine Evi“, wenn mich ein Mann anschreit? Ich fühle mich überfordert, unruhig, ängstlich, aggressiv, fordernd, flehend, bittend, ohnmächtig, sprachlos, mich rechtfertigend, mich verteidigend, abwehrend, distanziert, schwach, unterlegen, innerlich vielleicht überlegen (der schreit hier rum, wie ein Idiot), arrogant, abwertend, schuldig, schambesetzt, peinlich berührt (was denken die anderen, wenn der das mit mir macht?), überwältigt, chancenlos, als Verlierer, ungerecht behandelt ...

Wie fühle ich mich als „große Eva“ in derselben Situation? – Stabil, sachlich, erwachsen, mich wundernd: warum sagt er das nicht in einem „normalen“ Tonfall, was ärgert ihn so?, verständnisvoll (für ihn und mich selbst), verbindend: können wir miteinander reden?, mich schützend, mich in Sicherheit bringend, respektvoll und wertschätzend (ihm und mir selbst gegenüber), ich bin achtsam, sehe meine Möglichkeiten: ich kann stehen bleiben, reden, schweigen, gehen, zurückschreien, lachen, kündigen, die Polizei rufen, seine Seite erkennen: was bringt ihn dazu, so zu sein? Wie geht es ihm? Wie ist seine Gesundheit, seine Beziehung/Ehe, hat er eine? Wie ist er von seiner Persönlichkeit her? Wie war seine Kindheit? Wie könnte er sich jetzt fühlen? Warum glaubt er, schreien zu müssen? Meinen Anteil erkennend: schreie ich (innerlich) auch? Habe ich Gedanken in mir, die ihm Übles wollen? Was denke ich über ihn? Wie stehe ich zu dieser Sache? Habe ich immer alles in bester Absicht erledigt? (Diese Übung lehne ich an die „zehntausend Dinge“ an, die ich im Buch: Das Gehirn eines Buddha von Rick Hanson entdeckt habe).

Die erste Version ist die Kindheitsreaktion der „kleinen Evi“. Die zweite die erwachsene Seite. Beides ist immer in uns, ein stabiles Ich entscheidet, welche „Person“ nach vorne tritt – die Erwachsene oder ein jüngerer innerer Anteil. Der Rebell, der angepasste Anteil, die ängstliche oder die streitbare Evi, die liebevolle oder die wilde? Es ist immer meine Entscheidung, wenn ich „Herrin“ der Lage bin und nicht ausgeliefert an meine Emotionen mein Leben verbringe.

Eine weitere Möglichkeit ist natürlich, als kleine Evi ein Arbeitsblatt über den Mann auszufüllen und The Work zu machen. Meiner Erfahrung nach ist dies für viele Menschen nach einer solchen „Rettungsaktion“ viel leichter und nachhaltiger. Auch hier würden wir zu den Umkehrungen zur eigenen Person kommen und dadurch zu den lebendigen/gelebten Umkehrungen, die mich heute glücklicher und freier sein lassen (sobald ich anfange, sie umzusetzen).

Denn wenn ich als kleine Evi diese Gedanken geglaubt habe und bis heute nicht überprüft habe, glaube ich sie heute auch noch und handle danach.

Gabriele Kahn, von der ich den ersten Teil der oben beschriebenen Meditation übernommen habe, begleitet diese „innere Reise“ mit EMDR – Eye Movement Desensitization and Reprocessing – einem langsamen Klopfen auf die Oberschenkel. Diese Methode kann in ihrem Buch „Das Innere-Kinder-Retten“ nachgelesen werden. Sie hat neben The Work mein Leben nachhaltig verändert und tut es noch immer! Den zweiten Teil – den Besuch beim inneren Kind – habe ich in meiner Arbeit mit Klienten entwickelt. Ich verändere ihn intuitiv, passe ihn an die Geschichte des Klienten an und bringe laufend weitere Methoden, die ich kennenlerne, ein.

Die Innere-Kind-Arbeit verstärkt meiner Erfahrung nach den Prozess des Ganzwerdens und hilft dabei, die alten Wunden noch schneller zu heilen. Manche Menschen finden keinen Zugang zu den Fragen von The Work, wenn sie sehr „im Kind“ sind und verletzt und traumatisiert vor mir sitzen und von mir „geheilt werden möchten“, also ganz „Opfer“ sind und sich nicht vorstellen können, kein Opfer mehr zu sein. Gerne „retten“ die KlientInnen auch bald selbst zu Hause ihre „inneren Kinder“, wenn ich ihnen diese Möglichkeiten zeige. So wird eine Abhängigkeit vom Therapeuten vermieden und sie kommen zu mehr Selbstverantwortung und haben eine Methode zur Hand, mit der sie sich selbst helfen können! Auch erkennen sie selbst, dass sie mehr sind als das Opfer ihrer Vergangenheit und dass ihre Welt sich schnell ändert, wenn sie an sich selbst arbeiten und sich selbst mehr und mehr in den Mittelpunkt ihres Lebens stellen.

Ins Hier und Jetzt kommen

Die meisten unserer Gedanken bringen uns weg vom Heute. Sie ziehen uns in die Vergangenheit oder „beamen“ uns in die Zukunft. Wir wissen aber gar nicht wirklich, ob unsere Geschichten über die Vergangenheit wirklich so abgelaufen sind, wie wir uns daran erinnern. Wissenschaftler haben wunderbar nachgewiesen, dass unsere Gehirnhälften unterschiedlich arbeiten. Während die rechte Gehirnhälfte relativ reale Dinge abspeichert, „dichtet“ die linke Gehirnhälfte einiges dazu, damit die Geschichte „logisch“ erscheint. Erinnerungslücken werden „sinnhaft“ ausgefüllt. Ob es wirklich so war, weiß niemand mehr.

Besonders auffällig sind diese unterschiedlichen „Erinnerungen“, wenn man mit Geschwistern arbeitet. Ich erinnere mich an einen Workshop, in dem mir eine Teilnehmerin erzählte, dass ihre Kindheit „ganz ok“ war. Sie hat von Urlauben und von Abenteuern erzählt, von einem Vater, der sein Bestes gegeben hat, Zeit für die Kinder aufzubringen. Sie war der Meinung, im Großen und Ganzen liebevolle und verständnisvolle Eltern zu haben.

Ihre Schwester kam kurz darauf auf ihre Empfehlung zu mir in die Praxis. Sie leidet seit Jahren an Depressionen, weil sie eine sehr schwere Kindheit hatte. Ihre Eltern waren nicht für sie da, der Vater hatte absolut kein Verständnis für ihre Bedürfnisse und die Urlaube seien „purer Stress“ gewesen. Sie erzählt, dass die Mutter bis heute wie ein Kind sei, sie würde keine Entscheidungen treffen und mit ihren negativen Aussagen allen das Leben schwer machen. Bis heute, erzählte die Klientin, habe sie keinen Weg gefunden, der Mutter klarzumachen, was sie ihr damit antue. Den Kontakt zum Vater hatte sie vor vielen Jahren ganz abgebrochen und seit seinem Tod würde sie nicht mehr oft an ihn denken. Manchmal kämen alte Geschichten hoch, aber die wären zu schmerzlich, um darüber zu reden.

Ich erwähne es hier nochmals zum Verständnis: Die beiden sind Schwestern, es besteht weniger als zwei Jahre Altersunterschied und sie sind definitiv vom selben Vater!

Ist das nicht unglaublich?

Wie können zwei Menschen ein und dieselbe Situation, dieselben Eltern und dieselben Urlaube so unterschiedlich wahrnehmen? Es ist lediglich ein Beweis für die Funktion unserer Gehirne. Sie filtern, sie bewerten, speichern ab und die Neurone vernetzen sich. Bei der einen Schwester wurde anscheinend folgendes „Programm“ geschrieben: Meine Eltern waren ganz ok, die Urlaube waren schön, wir erlebten einige Abenteuer, meine Eltern wollten anscheinend, dass es schön für uns Kinder ist, sie liebten uns also.

Die andere Schwester hat ein völlig anderes Programm: Ich wurde nie verstanden. Meine Eltern interessierten sich nicht wirklich für mich. Wir hatten nicht mal in den Urlauben wirklich Zeit, uns zu unterhalten und ich konnte meine Bedürfnisse nicht äußern, weil ich nie geglaubt habe, dass es jemanden interessiert. Ich fühle mich nicht geliebt!

Die eine Schwester lebt ein glückliches Leben, sie liebt ihren Mann und ihre Kinder und freut sich über ihre tägliche Arbeit, die großen Spaß macht. Das größte Problem in ihrem Leben ist für sie, dass ihre Mutter und ihre Schwester nicht miteinander klarkommen und dass ihre Schwester Depressionen hat und sich von niemandem helfen lässt.

Die andere Schwester leidet an Depressionen, fühlt sich ungeliebt und einsam. Sie erlebt ihre Herkunftsfamilie als desinteressiert und zieht sich immer mehr zurück. Sie zergeht in Selbstmitleid, ihre Ehe ist geschieden und ihre Kinder werfen ihr vor, nie für sie da gewesen zu sein.

Wir können die Gedanken über die Vergangenheit oft nicht „bremsen" und ebenso wenig die Gedanken über unsere Zukunft. Doch wenn wir uns fragen, ob wir zu 100 Prozent sicher sein können, dass es so kommt, wie wir heute glauben, wird die Antwort wohl meistens „nein" sein.

Denn woher sollen wir heute wissen, wie es morgen oder in einem Jahr sein wird? Niemand von uns kann das wissen. Vielleicht laufen viele Menschen deswegen oft zu Kartenlegern oder Hellsehern, weil sie heute schon wissen wollen, wie es morgen sein wird. Es gaukelt uns eine Möglichkeit vor, unser Leben zu kontrollieren.

Ich weiß nur, dass mich positive Gedanken über die Zukunft glücklich machen und negative traurig. Da ich aber kein „positives Denken" in meinen Kopf einprogrammieren kann (wenngleich ich zugeben muss, dass ich es schon öfter mit allen Mitteln versucht habe), finde ich mich damit ab, dass ich im Heute bleibe und mich darin übe, gar nicht mehr über die Zukunft nachzudenken.

Das geht so nicht? Man muss doch planen? Urlaube im Voraus eintragen? Geld sparen, um ein neues Auto kaufen zu können? Seine Rentenversicherung bezahlen? Ich weiß nicht, ob „man" das muss. Nach meiner Erfahrung komme ich immer mehr weg davon, denn ich habe erkannt, dass es meistens anders kommt, als ich geglaubt hatte. Also stoppe ich mein Denken und sage: „Nein, jetzt nicht!" Und mein Verstand lernt allmählich, sich daran zu halten.

Als Tipp schlage ich meinen Klienten manchmal vor: „Vor allem in der Nacht, alleine im Bett solltest du „Stopp!" sagen, sobald der erste Gedanke in deinen Kopf eingezogen ist." Sofort stoppen und freundlich, aber bestimmt sagen: „Jetzt nicht! Morgen um 9 Uhr darfst du wiederkommen."

Gedanken sind wie kleine Kinder. Sie lernen, wann sie „stören" dürfen und wann nicht. Man braucht nur Geduld und liebevolle Konsequenz. Das Wichtigste ist, dass wir freundlich zu ihnen sind. Wir können lernen, uns liebevoll um unsere Gedanken – unsere inneren Kinder – zu kümmern, ihnen zuzuhören, sie zu fragen, was sie brauchen und ihnen, wenn möglich, etwas geben, damit sie glücklich sind.

Mich selbst in den Arm zu nehmen, bevor ich einschlafe, finde ich zum Beispiel sehr schön. Ich kann mir sagen, dass alles gut ist und dass ich stolz auf mich bin. Ich kann zu einem jüngeren Anteil herzlich sagen, dass ich ihn oder sie liebe. Auch mit diesen negativen Gedanken! Auch mit unseren stressvollen Glaubenssätzen über uns und die Welt.

Wundervoll ist es, mir mit den „Living Turnarounds" von Byron Katie selbst das zu geben, was ich heute brauche und damals, als Kind, gebraucht hätte.

Mit all diesen Ideen kommt man rasch von Gedanken, die in der Vergangenheit graben, in die Gegenwart und bringt sich selbst aus der Zukunft zurück ins Hier und Jetzt.

Vielleicht ist das auch das größte Geheimnis der Meditationen. Bei einer Meditation sind wir hier in diesem einen Moment, mit allen Sinnen und unseren Gefühlen. Und die Gedanken dürfen da sein, werden nicht abgewehrt, sondern angenommen. Sie kommen und gehen, wie die Wolken am Himmel, bis sie bei geübten Meistern einfach wegbleiben.

Sharon Begley beschreibt in ihrem Buch „Neue Gedanken, Neues Gehirn" Ergebnisse einiger Studien, die renommierte Wissenschaftler mit dem Dalai Lama diskutieren und lässt uns damit teilhaben an unglaublichen Erkenntnissen, wie Gehirne sich unter bestimmten Bedingungen innerhalb kürzester Zeit verändern können. Für den Dalai Lama ist das nichts Neues, denn Gehirne von buddhistischen Mönchen arbeiten wirklich ganz anders als unsere, das ist ihm lange bekannt. Dieses interessante Buch kann ich wirklich allen empfehlen!

Es bringt also eine Veränderung im Gehirn, wenn man meditiert. Wie verändert The Work unser Gehirn? Wird es irgendwann möglich sein, kostengünstig Bilder von unserem Gehirn machen zu können? Wie verändert sich das Bild kurz nach einer Work und nach drei Monaten? Wie sieht es nach fünf Jahren aus? Ich bemerkte oft, dass mein Gehirn ein anderes ist, als vor fünf Jahren. Ich vergesse viel im Vergleich zu früher. Geburtstage oder andere „wichtige Tage“ sind mir überhaupt nicht mehr wichtig. Ich plane nicht mehr. Ich muss oft lange überlegen, ob Dinge vor 10 oder 20 Jahren passiert sind. Und sind sie überhaupt passiert?

Ich bin froh, dass ich The Work habe, denn Sitz-Meditationen haben mich nicht weitergebracht. Dieser Weg war nicht meiner, ich habe es oft vergebens versucht, still zu sein und meinen Geist ruhen zu lassen. Wie bei vielen „Kopfmenschen“ in der westlichen Welt kommen die Gedanken völlig ungefragt und verweilen auch gerne. Die hier in dem Buch genannten Methoden haben mir geholfen, zu bleiben, still zu werden und einen Weg zu finden, mit meinen Gedanken zu kommunizieren. Tagtäglich gehe ich einen Schritt weiter und vielleicht wird es irgendwann absolut ruhig sein da drinnen in meinem Kopf. Vielleicht auch nicht.

The Work verändert mein Gehirn, so viel ist für mich klar. Es ist in der Tat eine Gehirnwäsche! Es wäscht all die unsauberen Gedanken, die Glaubenssätze, die ungeprüften Aussagen von Eltern, Lehrern und der Gesellschaft aus meinem Kopf heraus und macht mich mehr und mehr zu der, die ich wirklich bin und als kleines Kind schon war! Ich erinnere mich zunehmend an diese Zeit, als ich ein selbstbewusstes, glückliches, freies Kind war. Eine Pippi Langstrumpf, die sich ihr Leben macht, wie es ihr gefällt.

Sechs Jahre mit The Work

Ich bin nun seit einigen Jahren selbst zertifizierte Begleiterin für The Work (ITW) und Lehrcoach für The Work (vtw) und freue mich nach wie vor, diese wundervolle Selbsterfahrungsmethode anwenden und weitergeben zu dürfen.

Viele Klientinnen und Klienten haben sich von mir durch die vier Fragen begleiten lassen und mehr und mehr Menschen aus dem deutschsprachigen Raum rufen an, weil sie konkret jemanden suchen, der The Work von Byron Katie anbietet.

Wie hat sich mein Leben verändert in diesen Jahren?

Erinnern wir uns an Pierre und an die völlig stresslose Gerichtsverhandlung, die ich weiter oben beschrieben habe: nach einem Anruf bei einem Gerichtsvollzieher zwei Jahre später, als Pierre wiederholt seine Raten nicht bezahlt hat, habe ich das Geld inklusive Zinsen von ihm zurückbekommen. Ich konnte aus ganzem Herzen ein „DANKE!“ per E-Mail an ihn senden. Es fühlte sich so stimmig an, so klar und friedlich, das zu tun.

Er hatte sich das Geld ausgeborgt, er hatte den Schuldschein unterschrieben, ich habe es eingefordert und mit allen mir zur Verfügung stehenden Mitteln zurückgeholt. Zuerst per Telefon und E-Mail, dann übers Gericht, schließlich mithilfe eines Gerichtsvollziehers. Alles in meiner Kraft, im Wissen, dass ich nur meine Angelegenheiten regele, wenn ich das tue. Sobald Stress aufgekommen ist, habe ich geworkt und danach genau gewusst, wie ich weiter vorzugehen habe. Ich bin im Frieden mit meiner Vergangenheit, die Geschichten mit meinem Ex und meiner Mutter sind „Geschichten“ und ich kann sie zu den anderen „Geschichten“ legen, die ich durch meine „Works“ als „nicht wahr“ erkannt habe.

Ich habe seit einigen Jahren eine eigene Praxis in Saarbrücken, in der ich alle Methoden, die ich bisher kennen lernen durfte, an interessierte Menschen weitergebe, und sie damit auf ihrer Reise zu sich selbst unterstütze.

Und last but not least – durfte ich mit meiner Mutter ein besonderes Erlebnis teilen, denn ich schaffte es genau neun Jahre nach der ersten Begegnung mit Pierre, mit der ich dieses Buch begonnen habe, tatsächlich mein Herz in der Begegnung mit ihr offen zu lassen. Ich konnte ihr erstmalig ohne Vorwürfe und aggressionsfrei erzählen, was mich seit meiner Jugend bewegt und auch sie erzählte mir von sich. Viele Tränen, viele Umarmungen und „verzeih mir“ später, hatten wir Frieden geschlossen und ich konnte sie und mich annehmen, wie ich es niemals zu hoffen gewagt hatte.

Einige Male hatte ich bereits den Gedanken „Ich muss meine Mutter aus ganzem Herzen lieben“ geworkt und jedes Mal gefunden, dass ich es nicht muss. Weil ich es nicht kann. Es war die Wahrheit.

Ich sagte noch vor kurzem zu einer Freundin, dass ich denke, für alle Menschen auf der Welt mein Herz öffnen zu können, wenn ich es wirklich möchte, nur nicht für meine Mutter. Zu viel Angst vor Verletzung, Zurückweisung und Aufreißen „alter Wunden“ stand zwischen uns.

Endlich ist es vorbei mit dieser Geschichte! Ich glaubte in dieser Begegnung mit ihr meine Gedanken über sie nicht mehr, öffnete mein Herz und meinen Mund und die Worte flossen, wie die Tränen, ganz automatisch aus mir heraus. Und meine Mutter folgte ...

Ein neues Tochter-Mutter-Kapitel beginnt und ich bin gespannt!

Byron Katie – eine Begegnung, die ich nie vergessen werde

Wie wunderbar The Work auch über Telefon oder Skype funktioniert, hatte ich schon oft erleben dürfen, vor allem als ich regelmäßig auf der Helpline des Institute for The Work meine Dienste anbot. Auch für mich persönlich bringt es meist mehr, wenn ich mit Begleitung worke als allein. Vielleicht hat es mit unseren Spiegelneuronen zu tun, vielleicht auch mit dem Spiegeln von Gedanken, Gefühlen und körperlichen Merkmalen (Stimme, Tempo, Atem), dass eine Begleitung mit einem erfahrenen Begleiter einfach meistens besser funktioniert, als wenn „irgendjemand" die Fragen vorliest, ohne zu wissen, worum es bei The Work geht.

Wenn man Videos mit Katie anschaut, sieht man schön, wie sehr sie beim Klienten ist, ja, wie sehr sie sogar selbst der Klient ist.

Ich selbst bin noch nie von ihr persönlich begleitet worden, meine Gedanken ihr gegenüber waren in diesen fünf Jahren sehr unterschiedlich: Ich liebte sie, bewunderte sie, betete sie anfangs geradezu an, und oft spürte ich Ablehnung, Distanz und Unverständnis, über ihre Art und Weise, bestimmte Dinge zu tun oder zu lassen. Natürlich auch eine Mutter-Projektion!

Die 45 Tage, die ich bis heute bei ihr verbracht habe, waren jedoch zumeist von tiefen Gefühlen ihr gegenüber erfüllt, einem Gefühl der Verbundenheit mit ihr und einem Verstehen, dass sie Dinge sagt, die tief in mir als Wahrheit erkannt werden.

Während meiner dritten School für The Work (nach der Entdeckung des Inneren-Kinder-Rettens von Gabriele Kahn) schrieb ich täglich Vorschläge und Kritik auf einen Zettel und warf ihn in die Box, die dafür vorgesehen war. Ich hoffte, mit Katie über einiges reden zu können, hatte Angst, The Work den Rücken zukehren zu müssen, wenn sie nicht einiges ändern würde.

Danach workte ich jeden einzelnen Satz und erkannte meine eigenen Einschränkungen und meine Vorstellungen, wie man mit Menschen/Klienten/Teilnehmern umgehen sollte. Ich bin seither eine gute Therapeutin, finde ich. Und eine weit bessere Begleiterin als vorher. Es geht immer nur um uns selbst, das ist einfach wahr!

Ich fühle mich also frei, The Work weiterzugeben mit dem „Siegel" des Institute for The Work, frei über The Work zu schreiben, es zu benutzen, um glücklicher, zufriedener und mehr ich selbst zu werden, Geld damit zu verdienen oder Bücher zu schreiben. Ich drehe auch gerne Videos, in denen ich mich selbst durch The Work begleite oder zusammen mit Kolleginnen „worke" und dabei die Kamera laufen lasse. Ich mache das immer spontan, unvorbereitet, erzähle einfach, was mir gerade einfällt und begleite mich selbst oder andere Worker durch die vier Fragen und die Umkehrungen. Keine Texte, keine Regie. Einfach die Eva, die den Menschen The Work weitergibt, damit sie diese wunderbare Methode kennenlernen.

The Work gehört niemanden. Es sind Fragen, die für alle Menschen zur Verfügung stehen. Jeder, der möchte, kann es ausprobieren, jeder kann es nutzen oder es lassen. The Work kostet nichts, jeder kann alles, was er braucht, gratis von Byron Katies Website herunterladen, ohne seinen Namen bekanntzugeben, ohne eine E-Mail-Adresse zu hinterlassen. Das gefällt mir sehr gut!

Es gibt einige Kritiker, die über The Work negative Dinge schreiben, auch das ist heute kein Thema mehr für mich. Ich habe selbst im Laufe der letzten Jahre einige Punkte gefunden, die ich kritisiert und infrage gestellt habe und dann einfach die vier Fragen gestellt. Immer wieder habe ich wie oben beschrieben erkannt, dass es meine Gedanken sind, und nicht die „Wahrheit". Immer wieder bin ich klarer geworden, reflektierter und ruhiger. The Work ist einfach unglaublich, und nur wenn ich die Fragen beantworte, kann ich das erkennen. Wenn man The Work nicht selbst „macht", klingt es oft absurd, ja geradezu grotesk, was einige Klienten finden. Nur, wenn man es in sich selbst fühlt, kann man nachvollziehen, was Klienten in dieser Meditation über den vier Fragen erfahren. Viele Videos lassen uns daran teilhaben, ich kann sie einfach nur immer wieder empfehlen, nachdem man selbst durch The Work begleitet wurde, und weiß, wo in etwa diese Klienten ihre Wahrheit suchen und finden.

Ich workte zum Beispiel wie oben angedeutet, viel über „Trauma und The Work" und erkannte, dass Byron Katie nicht sagt: „Mach keine Traumatherapie."

Sie sagt nicht: „Es gibt keine Traumata" oder „Alles ist lösbar mit The Work ..." – Ich habe niemals so einen Satz von ihr gehört!

Anfangs verstand *ich* – nicht Byron Katie – The Work als Allheilmittel. Heute stelle ich nur mehr den Menschen die vier Fragen, die dies von mir möchten. Ich dränge sie keinem auf, möchte niemanden davon überzeugen. Ich habe zum Glück auch andere wunderbare Methoden in meinem Portfolio und bin frei, das zu tun, was für mich und den/die KlientIn richtig ist.

Byron Katie sagt: „The Work sind vier Fragen und Umkehrungen. Mehr nicht." Und sie sagt: "The Work ist Meditation". Sie verspricht keine Heilung, sie

„lehrt“ nicht, sie gibt nur ihre Erfahrungen weiter und sagt, wir sollten ihr nicht glauben, sondern es selbst ausprobieren.

Wenn sie ihre Gedanken glaubt, leidet sie. Wenn sie sie nicht glaubt, ist sie frei. That´s it! Das ist es!

The Work ist Meditation. The Work ist Achtsamkeit. The Work ist ein alltäglicher und ständiger Prozessbegleiter, damit ich erwachsen werde, mich selbst um meine inneren Kinder (mich selbst) kümmere und sie optimal versorge, damit die Menschen im Außen das nicht tun müssen (weil sie es oft eben nicht tun und ich bedürftig bleibe, ich traurig, verärgert und enttäuscht bin, wenn ich vergebens darauf warte). Ich gebe mir selbst, was ich heute und damals (!) meinte, von anderen zu brauchen und gebraucht zu haben.

Ich bemuttere und bevatere mich selbst! Ich beeltere mich selbst. Ermutige mich selbst. Beruhige und liebkose mich selbst. Umarme mich, liebe mich, nähre mich, sage Dinge zu mir, die mir gut tun, bringe mich heute aus Situationen, die mir nicht gut tun, selbst heraus oder erst gar nicht hinein. Ich beschütze mich! Bin für mich da! Immer, 24 Stunden am Tag, 7 Tage die Woche. Und ich gebe mein Bestes, dass das so bleibt.

Und da viele Menschen nicht wissen, wie das geht, wie sie das „anstellen sollen“, ist ein Arbeitsblatt über eine andere Person das Einfachste, was es meiner Meinung nach gibt. Denn was die anderen „tun sollen“, wissen die meisten von uns sofort. Und genau das ist es, was wir selbst tun sollten, um endlich glücklich mit uns selbst (und anderen) zu werden.

Diesen Prozess sehe ich als meinen einzigen wirklich wichtigen Job an. Der Rest folgt fast von selbst ...

Vor ziemlich genau vier Jahren, zu Ostern 2011, habe ich begonnen, an diesem Buch zu schreiben. Ich hatte meine „Works“ über meinen Ex gemacht, die ersten erfolgreichen Schritte zu mehr Verantwortung in puncto Geld hinter mir, neue Menschen kennengelernt und es wieder mal geschafft, meinen Kopf aus der Schlinge zu ziehen, die ich mir selbst umgehängt hatte. Ich saß auf meinem kleinen Balkon der Zweizimmerwohnung in Sulzbach bei Saarbrücken, war stolz auf mich, dass ich auf meinen gewohnten „Luxus“ weitgehend verzichten konnte und übte mich in Achtsamkeit.

Ich schrieb fleißig meine Gedanken auf, die mir damals öfter noch den Schlaf raubten. Ich lernte, ihnen beizubringen, erst morgens um 9 Uhr zu kommen, wenn ich gefrühstückt hatte, und dann schrieb ich sie auf ein Blatt Papier und workte:

Ich brauche mehr Geld.

Ich werde die Miete nächsten Monat nicht bezahlen können.

Ich brauche einen Partner, der mir hilft.

Das Geld sollte verlässlicher zu mir fließen.

Es sollten mehr Klienten zu mir kommen.

Meine Selbständigkeit sollte sicherer sein.

Viele neue Menschen, viele wunderbare Coaching-Methoden und Therapiemöglichkeiten fanden seither Einzug in mein Leben, das immer spannender und vielschichtiger wird. Ich bin heute die, die sie schon immer war, wenn sie ihre Gedanken nicht geglaubt hat ...

Finale – 2015

„Wirklich *vergeben* ist, wenn man nichts mehr zu vergeben hat", sagt Byron Katie.

Und: „Die Realität ist freundlicher als unsere Geschichte darüber." Das ist mein Lieblingszitat von Katie.

Eltern sind Menschen, die ihr Bestes gegeben haben. Sie haben keine Schuld. Ich mache ihnen deswegen keine Vorwürfe mehr. Und vielleicht sind wir Seelen, die sich genau diese Eltern ausgewählt haben, um etwas Bestimmtes zu lernen, um auf genau diese Art und Weise weiterzukommen in diesem Leben, wie es gerade passiert ist.

Ich fühle immer öfter bei einer Work so eine tiefe Verbundenheit zu allem Lebenden, dass ich vor Rührung weine. Ich fühle, dass wir alle eins sind. Verbunden in der Tiefe, wie ein Bergmassiv im Nebel. Wenn man über dem Nebel ist, sieht man einzelne, kleine Berge, die alle getrennt voneinander zu sein scheinen. Je mehr der Nebel sich verzieht, je klarer wir sehen, umso mehr erkennen wir, dass es nicht einzelne Berge sind, sondern <u>ein</u> Berg. Alle Gipfel entstammen demselben Massiv. Wir sind alle eins.

Und so können dann Dinge, die man wirklich braucht, einfach zu einem kommen. Ein System ist stabil, es ist in Balance und wenn ein Teil tiefer geht, zieht ein anderer automatisch hoch, um die Balance zu erhalten. Das Universum sendet uns dann Dinge, wie Geld, das dringend gebraucht wird, einen Freund, wenn man sehr alleine ist, einen neuen Job, bevor man die Hoffnung aufgibt, und Regen, damit ich die Pflanzen draußen nicht gießen muss und hier sitzen bleiben kann und schreiben ...

Wir tauchen in die „Weltenseele" ein, wenn wir Methoden nutzen, die uns zu unserer Wahrheit führen. Wir lernen, auf unser Herz zu hören, das immer die Wahrheit kennt. Ist es nicht wunderbar, das zu wissen?

Das Leben, das Universum, die Wirklichkeit stellt alles bereit, was wir brauchen. Wir müssen nicht leiden, nicht hoffen oder bangen, wir brauchen einfach nur hier zu sein, zu sitzen, offen zu sein, damit wir sehen, wenn es kommt, und es empfangen.

Das Leben ist einfach, wenn man es von dieser Seite sieht. Nichts muss getan werden. Alles tut sich von selbst. Nichts muss verändert werden. Dinge, die anders sein sollen, werden von selbst anders, wenn ich die Realität annehme. Nichts muss entschieden werden, meine Seele bewegt sich wie von selbst auf etwas zu und ich darf erkennen: OK, das liegt nun an! Das ist der nächste Schritt. Ich erkenne, dass ich nicht der Macher bin, nicht die, die entscheidet, nur die, die folgt.

Stressige Gedanken drehen sich nicht mehr so wild in meinem Kopf wie früher, sondern es wird ruhiger in mir. Ich sitze oft nur da, glücklich, zufrieden, froh, ein wenig Zeit für mich zu haben und schaue aus dem Fenster, blicke über Saarbrücken. Ich habe 2014 eine Wohnung gekauft. Ich lebe allein und bin nicht einsam. Auch neu für mich!

Dann beginnen meine Finger zu schreiben. Der Gedanke „Hoffentlich lesen dieses Buch viele Menschen“ kommt mir in den Sinn. Ich lächle und sage: „Willkommen, Gedanke! Bist du wahr?“ und lasse ihn wieder ziehen.

Ich lerne, meine Gedanken wie quängelnde, lästige kleine Kinder zu betrachten. Sie wollten einfach gesehen werden, in den Arm genommen werden und geliebt werden. Wenn man sie nicht liebevoll betrachtet, weiß man gar nicht, dass sie nicht wahr sind. Man glaubt sie. Wie schmerzhaft das ist!

Meine Mutter hat mich nicht genug geliebt.

Mein Vater war brutal.

Mein Freund war beziehungsunfähig.

Meine Freundin sollte öfter mit mir in die Stadt gehen.

Ich bin nicht richtig, nicht gut genug, nicht liebenswert!

Wie sehr leiden wir, solange wir dies glauben! Deshalb überprüfen wir die Gedanken und betrachten sie von allen Seiten: kritisch, interessiert und liebevoll. Wir nehmen sie an. Sie dürfen da sein. Und dann gehen sie wieder. *Sie* lassen *uns* los, nicht umgekehrt!

Bewertung trennt! Wer aufhört zu bewerten, hört auf zu trennen. Wir werden ganz. Wir erkennen die Welt als ganz. Als vollständig. Als gut. Als Unterstützung für uns selbst. Jeden Tag, jede Minute, jede Sekunde. Wir werden getragen. Wir werden geatmet. Wir brauchen nichts zu tun. Nur zu sein.

Keine Schneeflocke fällt je an den falschen Platz, durfte ich heute Morgen auf meinem Kalender lesen. So ist es! Alles hat Sinn – alles ist richtig! Für mich! Für dich! Für uns alle.

Ich lerne mit Kritik so umzugehen, als wenn Kritik immer das schönste Geschenk der Welt wäre. Kritik abzuwehren, bringt mich nicht weiter. Das war früher so. Abwehren, rechtfertigen, zurückschlagen. Byron Katie nennt das die „alte Welt": Eine Welt, in der wir Feedback als Kritik verstehen, uns „wehren", wenn jemand etwas zu uns sagt, wir uns getrennt von unseren Mitmenschen fühlen, dem Universum nicht vertrauen, nicht wissen, dass alles, was geschieht nur zu unserem Besten passiert.

In der alten Welt, denken Menschen, sie „müssen" etwas tun, sie „sollten doch anders sein" oder vielleicht sogar noch: „Eine andere Person sollte anders sein, sich ändern, damit sie selbst glücklicher sind". Sie denken, „die Welt und das Leben sind Leiden und man müsse da durch".

In der „neuen Welt" dürfen einige von uns schon erkennen, dass es niemals um eine andere Person geht, sondern immer nur um uns selbst. Wir „verwechseln" unsere Partner mit unseren Vätern und Müttern, weil wir die Beziehung zu diesen noch nicht angeschaut und bearbeitet haben. Wir projizieren Unglück und Leid in diese wunderbare Welt hinein, weil wir in uns selbst Unglück und Leid tragen.

Viele „Worker" weltweit haben das schon erkennen dürfen und im deutschsprachigen Raum gibt es den Verband für The Work (vtw), in dem wir ein bewegtes Miteinander führen und uns in Wahrheit und Klarheit begegnen oder dies zumindest aufrichtig versuchen. Wir verhätscheln uns aber nicht, kümmern uns nicht um Dinge beim anderen, ohne gefragt zu werden, und machen vor allem unsere eigene Work, ohne den anderen zum Worken aufzufordern. Wir werden gemeinsam erwachsen und sind mehr und mehr in unseren eigenen Angelegenheiten unterwegs. Dieser Verband ist meiner Meinung nach das Zuhause, das viele von uns sich immer gewünscht haben. Ein Zuhause, in dem wir nicht verurteilt werden, wenn wir ehrlich sind, und angenommen werden, auch wenn wir nicht das tun, was der andere von uns will. Wo wir nichts sein müssen, sondern einfach *sind*. Der vtw ist eine der größten Ressourcen in der deutschsprachigen Work-Welt, finde ich. Ich bin stolz, auch ein Stück dazu beitragen zu können, damit noch mehr Menschen davon hören und vielleicht Mitglieder werden.

Meine Angelegenheit

Zum Schluss noch eine Geschichte über die „drei Angelegenheiten“, von denen Katie sagt, dass sie überall auf der Welt zu finden sind. Was es bedeutet, mehr in *meinen* Angelegenheiten zu sein, ist schnell erklärt.

Ich habe vor einigen Monaten ein wunderschönes Beispiel im Internet dazu entdeckt: Elefanten, die am Wasserloch stehen, würde niemals auf die Idee kommen, zu warten, dass ein anderer Elefant sie nassspritzt oder mit ihnen spielt. Sie fragen auch nicht, ob sie einen anderen Elefanten anspritzen dürfen, sondern verlassen sich darauf, dass der andere mit seiner Reaktion zeigt, ob er das möchte. Sie machen also einfach selbst, was sie möchten, und spritzen sich selbst und den anderen nass, wenn ihnen danach ist. So entsteht manchmal ein Spiel, manchmal auch nicht. Beides ist ok.

Die Elefanten sind alle in *ihren* Angelegenheiten und lassen die anderen in deren. Und sie erkennen, dass es Gottes Angelegenheit ist, ob jemand anders dafür geboren ist, sie nass zu spritzen.

Wann sind wir in den Angelegenheiten anderer Menschen? Wenn wir leiden.

Wir leiden gerne so öffentlich und offensichtlich, dass es jeder merkt, jeder sieht. Wir möchten, dass jemand anders uns „rettet“, erkennt, wie es uns „wirklich“ geht, und unser Leid sieht. Wir möchten es und warten darauf, dass dieser Mensch uns hilft, uns sagt, dass „alles wieder gut wird“, uns auf die Beine hilft und vielleicht sogar noch ein Stück mit uns geht oder uns sogar trägt. Meine Retter heißen Helmuth, Alfons, Gerald, Robert, Carlos, Pierre, Peter, Hans und Frank (einige Namen geändert) und sind austauschbar. Ich werde mich nun immer öfter selbst retten und bin gespannt, wer dann auf mich zukommen wird.

Den meisten meiner inneren Anteile ist klar: Ich fühle mich immer wieder als Opfer und reinszeniere meine ungeprüften Kindheitserlebnisse, von denen es sicher noch einige gibt, immer wieder und wieder, solange ich in dieses „Rette-mich-Spiel“ einsteige, solange ich meine Angelegenheiten verlasse und in die Angelegenheiten der anderen und vor allem in die Angelegenheit Gottes einsteige. Das ist mir sehr bewusst geworden in den Jahren, in denen ich über meine „Freunde“ und „Männer“ The Work mache.

Wie vielen Frauen geht es so wie mir?

Wir wundern uns, dass der „Retter“ nicht kommt und sind zu tiefst verärgert, ent-täuscht und traurig darüber. Wir erkennen nicht, dass wir die Menschen, die uns gut gesonnen sind, mit unserem Selbstmitleid und unserem Jammern immer weiter weg treiben. Wir erkennen nicht, dass diese Männer genau das Richtige tun, nämlich „nicht-retten“ und uns auf uns zurückfallen lassen, damit wir uns selbst retten können.

Und gleichzeitig sehen wir die Menschen, die für uns da sein wollen, oft gar nicht, weil wir in eine andere Richtung schauen, nämlich auf den gerade „Auserwählten“, der ja meistens nicht kommt, nicht bleibt, nicht rettet.

Wenn wir unsere Gedanken überprüfen, dürfen wir erkennen, dass das Universum gut ist! Wir dürfen neue Freunde finden, die ähnlich denken wie wir. Wir sind nicht mehr allein, einsam und verzweifelt, sondern aufgeregt, in Spannung und froh.

Wir dürfen *nein* sagen lernen, Grenzen ziehen, neugierig werden wie kleine Kinder, Spaß und Freude empfinden und nur mehr selten ins Leid gehen. Vielleicht irgendwann auch gar nicht mehr – wer weiß?!

Ich bin so dankbar, dass ich nach meiner Wahrheit suchen darf und jeden Tag ein kleines Puzzleteilchen mehr dazu finde und ich bin so dankbar, dass ich so viele Menschen begleiten darf, die ihre Wahrheit suchen und in die „neue Welt“ einkehren möchten.

Es ist die wunderbarste Arbeit der Welt, immer wieder erkennen zu dürfen, dass wir alle alles schon selbst gewusst haben und alles, was wir brauchen, um glücklich zu sein, schon immer in unserem Gepäck verstaut hatten! Einfach ein Wunder.

„Wenn du in Streit mit der Wirklichkeit kommst, verlierst du, aber nur in 100 Prozent aller Fälle“, sagt Byron Katie gern.

Wenn wir unsere eigene Wahrheit erkennen und sehen, löst sich alles wie von selbst auf, und wir dürfen in den Fluss des Lebens eintreten und ein Stück des Weges mit ihm reisen. Wohin die Reise für uns alle geht? Vor allem wohin sie für dich geht? Das weiß ich nicht. Du aber schon! Denn jeder, der still wird und in sich hineinhört, weiß es. Viel Freude auf deiner Reise!

Eva www.eva-nitschinger.de

Danksagung

Ich danke meinen lieben KollegInnen und FreundInnen Nora, Karin, Harald, Regina, Gesche, Kai, Anja, Carolin, Hagen, Petra und Evelin für ihre Kommentare und Hilfestellungen bei der Aufbereitung des Buches und ihre Ermutigungen, es auch wirklich zu veröffentlichen.

Ich danke euch herzlichst!

Ich danke auch dir, lieber Pierre, dass ich durch dich hier im Saarland einen Platz auf dieser Welt gefunden habe, an dem ich gerne lebe. Einem Platz, an dem ich meine Träume verwirkliche und endlich gelernt habe, ich selbst zu sein.

Und ich danke dir, liebe Mama, dass du immer für mich da warst und bist. Wie schade, dass ich das erst so spät in meinem Leben erkannt habe. Ich wollte dich anders haben, als du bist und habe dadurch viel Leid erfahren. The Work hat mich nicht nur zu mir, sondern auch näher zu dir gebracht!

Danke!

Literaturverzeichnis:

Begley Sharon (2007): Neue Gedanken Neues Gehirn. Die Wissenschaft der Neuroplastizität beweist, wie unser Bewusstsein das Gehirn verändert. Goldmann Arkana

Besser-Siegmund, Cora; Siegmund, Harry (2010): Wingwave-Coaching. Wie der Flügelschlag eines Schmetterlings. Mit der Wingwave-CD. Junfermann

Byron Katie (2002): Lieben was ist! Wie vier Fragen ihr Leben verändern können. arkana

Byron Katie (2005): Ich brauche deine Liebe – stimmt das? Goldmann arkana

Coelho, Paulo (2008): Der Alchimist. Diogenes

Chopich, Erika; Paul, Margaret (2009): Aussöhnung mit dem inneren Kind. ullstein

Chu, Victor (2005): Die Kunst erwachsen zu sein. Wie wir uns von den Fesseln der Kindheit lösen. Kösel

Furmann, Ben (2013): Es ist nie zu spät eine glückliche Kindheit zu haben. borgmann

Hanson, Rick; Mendius, Richard (2010): Das Gehirn eines Buddha. Die angewandte Neurowissenschaft von Glück, Liebe und Weisheit. arbor

Harris, Thomas (1975): Ich bin o.k. – Du bist o.k. Wie wir uns selbst besser verstehen und unsere Einstellung zu anderen verändern können. Eine Einführung in die Transaktionsanalyse. Rowohlt Reinbek

Huber, Michaela (2009): Trauma und die Folgen – Trauma und Traumabehandlung, Teil 1. Junfermann Verlag

Huber, Michaela (2010): Der innere Garten: Ein achtsamer Weg zur persönlichen Veränderung. Übungen mit CD. Junfermann

Jannes, Kim-Anne (2013): Das innere Kind umarmen. Die Kraft der Gefühle nutzen und Verhaltensmuster ändern. Knaur Menssana.

Kabat-Zinn, Jon (2013): Gesund durch Meditation. Das große Buch der Selbstheilung mit MBSR. Knaur, Menssana

Kahn, Gabriele (2010): Das Innere-Kinder Retten. Sanfte Traumabehandlung bei Komplextraumatisierungen. Psychosozial-Verlag

Krishnamurti, Jiddu (2010): Meditationen. Diogenes

Reddemann, Luise (2015): Imagination als heilende Kraft. Zur Behandlung von Traumafolgen mit ressourcenorientierten Verfahren. Leben lernen. Klett-Cotta

Schulz von Thun, Friedemann (2010): Miteinander reden, Teil I - Störungen und Klärungen. Allgemeine Psychologie der Kommunikation. rororo

Übersicht der erwähnten Methoden:

The Work von Byron Katie, http://thework.com/sites/thework/deutsch/

Das Innere-Kinder-Retten (Gabriele Kahn), http://www.gkahn-traumatherapie.de/

EMDR – Eye Movement Desensitization and Reprocessing (Francine Shapiro), http://www.emdria.de/emdr/dr-francine-shapiro/

Wingwave® (Cora Besser-Siegmund & Harry Siegmund), http://www.wingwave.com/

Familienaufstellungen - kein Begründer, mehrere Links:

z.B.: http://www.franz-ruppert.de/

http://www.vchu.de/

http://www.system-aufstellung.info/tag/varga-von-kibed

Lichtarbeit in der Meditation, z. B.: Transformationstherapie von Robert Betz

http://robert-betz.com/

EFT – Emotional Freedom Techniques (Gary Craig), http://www.emofree.com/

Weiterführende Links zu The Work von Byron Katie:

www.eva-nitschinger.de

www.vtw-the-work.org

www.thework.com/deutsch

Hinweise zur The Work Helpline auf Deutsch: http://www.vtw-the-work.org/the-work/the-work-helpline.html

Druck: KN Digital Printforce GmbH · Schockenriedstraße 37 · 70565 Stuttgart